고등학교 졸업학력 검정고시 답안지

성 명 (한 글)

수 험 번 호						
(1)						
(2)	⓪	⓪	⓪	⓪	⓪	⓪
	①	①	①	①	①	①
	②	②	②	②	②	②
	③	③	③	③	③	③
	④	④	④	④	④	④
	⑤	⑤	⑤	⑤	⑤	⑤
	⑥	⑥	⑥	⑥	⑥	⑥
	⑦	⑦	⑦	⑦	⑦	⑦
	⑧	⑧	⑧	⑧	⑧	⑧
	⑨	⑨	⑨	⑨	⑨	⑨

교시	과 목 명	표기란
1		○
2		○
3		○
4		○
5		○
6		○
7		○

문항	답 란	문항	답 란	문항	답 란
1	① ② ③ ④	11	① ② ③ ④	21	① ② ③ ④
2	① ② ③ ④	12	① ② ③ ④	22	① ② ③ ④
3	① ② ③ ④	13	① ② ③ ④	23	① ② ③ ④
4	① ② ③ ④	14	① ② ③ ④	24	① ② ③ ④
5	① ② ③ ④	15	① ② ③ ④	25	① ② ③ ④
6	① ② ③ ④	16	① ② ③ ④		
7	① ② ③ ④	17	① ② ③ ④		
8	① ② ③ ④	18	① ② ③ ④		
9	① ② ③ ④	19	① ② ③ ④		
10	① ② ③ ④	20	① ② ③ ④		

※ 성명, 수험번호, 과목명 확인 후 감독관 날인.

감독관 확인란	

※ 응시자는 표기하지 마시오.

결시자 표기란	○

답안지 작성요령

1. 답안지 작성은 반드시 컴퓨터용 수성사인펜을 사용하여 다음 보기와 같이 표기합니다.

   〈보기〉 정상 답안 표기: ● 　 무효 처리 답안 표기: Ⓥ ⊗ ⊙ ◑ ⊘
2. 성명은 한글로 기재합니다.
3. 수험번호 (1)란은 아라비아 숫자를 쓰고, (2)란은 해당번호에 ● 표기합니다.
4. 과목명 란은 해당교시 과목명을 한글로 기재하고 ● 표기합니다.
5. 답안지에 낙서를 하거나 긁거나 구기면 안 됩니다.
6. 수정액(수정스티커)을 사용하거나 2개 이상 표기한 문항은 무효 처리 됩니다.

고등학교 졸업학력 검정고시 답안지

성 명 (한 글)

수 험 번 호

(1)

(2)

교시	과 목 명	표기란
1		○
2		○
3		○
4		○
5		○
6		○
7		○

문항	답 란	문항	답 란	문항	답 란
1	① ② ③ ④	11	① ② ③ ④	21	① ② ③ ④
2	① ② ③ ④	12	① ② ③ ④	22	① ② ③ ④
3	① ② ③ ④	13	① ② ③ ④	23	① ② ③ ④
4	① ② ③ ④	14	① ② ③ ④	24	① ② ③ ④
5	① ② ③ ④	15	① ② ③ ④	25	① ② ③ ④
6	① ② ③ ④	16	① ② ③ ④		
7	① ② ③ ④	17	① ② ③ ④		
8	① ② ③ ④	18	① ② ③ ④		
9	① ② ③ ④	19	① ② ③ ④		
10	① ② ③ ④	20	① ② ③ ④		

※ 성명, 수험번호, 과목명 확인 후 감독관 날인.

감독관 확인란	

※ 응시자는 표기하지 마시오.

결시자 표기란	○

답안지 작성요령

1. 답안지 작성은 반드시 컴퓨터용 수성사인펜을 사용하여 다음 보기와 같이 표기합니다.
   〈보기〉 정상 답안 표기: ●   무효 처리 답안 표기: Ⓥ ⊗ ⊙ ◑ ⦸
2. 성명은 한글로 기재합니다.
3. 수험번호 (1)란은 아라비아 숫자를 쓰고, (2)란은 해당번호에 ● 표기합니다.
4. 과목명 란은 해당교시 과목명을 한글로 기재하고 ● 표기합니다.
5. 답안지에 낙서를 하거나 긁거나 구기면 안 됩니다.
6. 수정액(수정스티커)을 사용하거나 2개 이상 표기한 문항은 무효 처리 됩니다.

고등학교 졸업학력 검정고시 답안지

성 명 (한 글)

수 험 번 호						
(1)						
(2)	⓪	⓪	⓪	⓪	⓪	⓪
	①	①	①	①	①	①
	②	②	②	②	②	②
	③	③	③	③	③	③
	④	④	④	④	④	④
	⑤	⑤	⑤	⑤	⑤	⑤
	⑥	⑥	⑥	⑥	⑥	⑥
	⑦	⑦	⑦	⑦	⑦	⑦
	⑧	⑧	⑧	⑧	⑧	⑧
	⑨	⑨	⑨	⑨	⑨	⑨

※ 성명, 수험번호, 과목명 확인 후 감독관 날인.

감독관 확인란	

교시	과 목 명	표기란
1		○
2		○
3		○
4		○
5		○
6		○
7		○

※ 응시자는 표기하지 마시오.

결시자 표기란	
	○

문항	답 란	문항	답 란	문항	답 란
1	① ② ③ ④	11	① ② ③ ④	21	① ② ③ ④
2	① ② ③ ④	12	① ② ③ ④	22	① ② ③ ④
3	① ② ③ ④	13	① ② ③ ④	23	① ② ③ ④
4	① ② ③ ④	14	① ② ③ ④	24	① ② ③ ④
5	① ② ③ ④	15	① ② ③ ④	25	① ② ③ ④
6	① ② ③ ④	16	① ② ③ ④		
7	① ② ③ ④	17	① ② ③ ④		
8	① ② ③ ④	18	① ② ③ ④		
9	① ② ③ ④	19	① ② ③ ④		
10	① ② ③ ④	20	① ② ③ ④		

답안지 작성요령

1. 답안지 작성은 반드시 컴퓨터용 수성사인펜을 사용하여 다음 보기와 같이 표기합니다.
   〈보기〉 정상 답안 표기: ●   무효 처리 답안 표기: Ⓥ ⓧ ⊙ ◑ ⊘
2. 성명은 한글로 기재합니다.
3. 수험번호 (1)란은 아라비아 숫자를 쓰고, (2)란은 해당번호에 ● 표기합니다.
4. 과목명 란은 해당교시 과목명을 한글로 기재하고 ● 표기합니다.
5. 답안지에 낙서를 하거나 긁거나 구기면 안 됩니다.
6. 수정액(수정스티커)을 사용하거나 2개 이상 표기한 문항은 무효 처리 됩니다.

고등학교 졸업학력 검정고시 답안지

성 명 (한 글)

수 험 번 호						
(1)						
(2)	⓪	⓪	⓪	⓪	⓪	⓪
	①	①	①	①	①	①
	②	②	②	②	②	②
	③	③	③	③	③	③
	④	④	④	④	④	④
	⑤	⑤	⑤	⑤	⑤	⑤
	⑥	⑥	⑥	⑥	⑥	⑥
	⑦	⑦	⑦	⑦	⑦	⑦
	⑧	⑧	⑧	⑧	⑧	⑧
	⑨	⑨	⑨	⑨	⑨	⑨

교시	과 목 명	표기란
1		○
2		○
3		○
4		○
5		○
6		○
7		○

문항	답 란	문항	답 란	문항	답 란
1	① ② ③ ④	11	① ② ③ ④	21	① ② ③ ④
2	① ② ③ ④	12	① ② ③ ④	22	① ② ③ ④
3	① ② ③ ④	13	① ② ③ ④	23	① ② ③ ④
4	① ② ③ ④	14	① ② ③ ④	24	① ② ③ ④
5	① ② ③ ④	15	① ② ③ ④	25	① ② ③ ④
6	① ② ③ ④	16	① ② ③ ④		
7	① ② ③ ④	17	① ② ③ ④		
8	① ② ③ ④	18	① ② ③ ④		
9	① ② ③ ④	19	① ② ③ ④		
10	① ② ③ ④	20	① ② ③ ④		

※ 성명, 수험번호, 과목명 확인 후 감독관 날인.

감독관 확인란	

※ 응시자는 표기하지 마시오.

결시자 표기란	○

답안지 작성요령

1. 답안지 작성은 반드시 컴퓨터용 수성사인펜을 사용하여 다음 보기와 같이 표기합니다.

   〈보기〉 정상 답안 표기: ●   무효 처리 답안 표기: Ⓥ Ⓧ ⊙ ◗ ⦸
2. 성명은 한글로 기재합니다.
3. 수험번호 (1)란은 아라비아 숫자를 쓰고, (2)란은 해당번호에 ● 표기합니다.
4. 과목명 란은 해당교시 과목명을 한글로 기재하고 ● 표기합니다.
5. 답안지에 낙서를 하거나 긁거나 구기면 안 됩니다.
6. 수정액(수정스티커)을 사용하거나 2개 이상 표기한 문항은 무효 처리 됩니다.

고등학교 졸업학력 검정고시 답안지

성 명 (한 글)					

수 험 번 호					
(1)					
(2)	⓪ ① ② ③ ④ ⑤ ⑥ ⑦ ⑧ ⑨	⓪ ① ② ③ ④ ⑤ ⑥ ⑦ ⑧ ⑨	⓪ ① ② ③ ④ ⑤ ⑥ ⑦ ⑧ ⑨	⓪ ① ② ③ ④ ⑤ ⑥ ⑦ ⑧ ⑨	⓪ ① ② ③ ④ ⑤ ⑥ ⑦ ⑧ ⑨

교시	과 목 명	표기란
1		○
2		○
3		○
4		○
5		○
6		○
7		○

문항	답 란	문항	답 란	문항	답 란
1	① ② ③ ④	11	① ② ③ ④	21	① ② ③ ④
2	① ② ③ ④	12	① ② ③ ④	22	① ② ③ ④
3	① ② ③ ④	13	① ② ③ ④	23	① ② ③ ④
4	① ② ③ ④	14	① ② ③ ④	24	① ② ③ ④
5	① ② ③ ④	15	① ② ③ ④	25	① ② ③ ④
6	① ② ③ ④	16	① ② ③ ④		
7	① ② ③ ④	17	① ② ③ ④		
8	① ② ③ ④	18	① ② ③ ④		
9	① ② ③ ④	19	① ② ③ ④		
10	① ② ③ ④	20	① ② ③ ④		

※ 성명, 수험번호, 과목명 확인 후 감독관 날인.

감독관 확인란	

※ 응시자는 표기하지 마시오.

결시자 표기란	○

답안지 작성요령

1. 답안지 작성은 반드시 컴퓨터용 수성사인펜을 사용하여 다음 보기와 같이 표기합니다.

   〈보기〉 정상 답안 표기: ●　　무효 처리 답안 표기: Ⓥ ⊗ ⊙ ◑ ⊘
2. 성명은 한글로 기재합니다.
3. 수험번호 (1)란은 아라비아 숫자를 쓰고, (2)란은 해당번호에 ● 표기합니다.
4. 과목명 란은 해당교시 과목명을 한글로 기재하고 ● 표기합니다.
5. 답안지에 낙서를 하거나 긁거나 구기면 안 됩니다.
6. 수정액(수정스티커)을 사용하거나 2개 이상 표기한 문항은 무효 처리 됩니다.

고등학교 졸업학력 검정고시 답안지

성 명 (한 글)

수 험 번 호						
(1)						
(2)	⓪	⓪	⓪	⓪	⓪	⓪
	①	①	①	①	①	①
	②	②	②	②	②	②
	③	③	③	③	③	③
	④	④	④	④	④	④
	⑤	⑤	⑤	⑤	⑤	⑤
	⑥	⑥	⑥	⑥	⑥	⑥
	⑦	⑦	⑦	⑦	⑦	⑦
	⑧	⑧	⑧	⑧	⑧	⑧
	⑨	⑨	⑨	⑨	⑨	⑨

※ 성명, 수험번호, 과목명 확인 후 감독관 날인.

감독관 확인란	

교시	과 목 명	표기란
1		○
2		○
3		○
4		○
5		○
6		○
7		○

※ 응시자는 표기하지 마시오.

결시자 표기란	
	○

문항	답 란	문항	답 란	문항	답 란
1	① ② ③ ④	11	① ② ③ ④	21	① ② ③ ④
2	① ② ③ ④	12	① ② ③ ④	22	① ② ③ ④
3	① ② ③ ④	13	① ② ③ ④	23	① ② ③ ④
4	① ② ③ ④	14	① ② ③ ④	24	① ② ③ ④
5	① ② ③ ④	15	① ② ③ ④	25	① ② ③ ④
6	① ② ③ ④	16	① ② ③ ④		
7	① ② ③ ④	17	① ② ③ ④		
8	① ② ③ ④	18	① ② ③ ④		
9	① ② ③ ④	19	① ② ③ ④		
10	① ② ③ ④	20	① ② ③ ④		

답안지 작성요령

1. 답안지 작성은 반드시 컴퓨터용 수성사인펜을 사용하여 다음 보기와 같이 표기합니다.
   〈보기〉 정상 답안 표기: ●   무효 처리 답안 표기: Ⓥ ⊗ ⊙ ◑ ⃠
2. 성명은 한글로 기재합니다.
3. 수험번호 (1)란은 아라비아 숫자를 쓰고, (2)란은 해당번호에 ● 표기합니다.
4. 과목명 란은 해당교시 과목명을 한글로 기재하고 ● 표기합니다.
5. 답안지에 낙서를 하거나 긁거나 구기면 안 됩니다.
6. 수정액(수정스티커)을 사용하거나 2개 이상 표기한 문항은 무효 처리 됩니다.

고등학교 졸업학력 검정고시 답안지

성 명 (한 글)

수 험 번 호

(1)

(2)

0	0	0	0	0	0
1	1	1	1	1	1
2	2	2	2	2	2
3	3	3	3	3	3
4	4	4	4	4	4
5	5	5	5	5	5
6	6	6	6	6	6
7	7	7	7	7	7
8	8	8	8	8	8
9	9	9	9	9	9

교시	과 목 명	표기란
1		○
2		○
3		○
4		○
5		○
6		○
7		○

문항	답 란	문항	답 란	문항	답 란
1	① ② ③ ④	11	① ② ③ ④	21	① ② ③ ④
2	① ② ③ ④	12	① ② ③ ④	22	① ② ③ ④
3	① ② ③ ④	13	① ② ③ ④	23	① ② ③ ④
4	① ② ③ ④	14	① ② ③ ④	24	① ② ③ ④
5	① ② ③ ④	15	① ② ③ ④	25	① ② ③ ④
6	① ② ③ ④	16	① ② ③ ④		
7	① ② ③ ④	17	① ② ③ ④		
8	① ② ③ ④	18	① ② ③ ④		
9	① ② ③ ④	19	① ② ③ ④		
10	① ② ③ ④	20	① ② ③ ④		

※ 성명, 수험번호, 과목명 확인 후 감독관 날인.

감독관 확인란	

※ 응시자는 표기하지 마시오.

결시자 표기란	○

답안지 작성요령

1. 답안지 작성은 반드시 컴퓨터용 수성사인펜을 사용하여 다음 보기와 같이 표기합니다.

   〈보기〉 정상 답안 표기: ●   무효 처리 답안 표기: Ⓥ Ⓧ ⊙ ◑ ⦸
2. 성명은 한글로 기재합니다.
3. 수험번호 (1)란은 아라비아 숫자를 쓰고, (2)란은 해당번호에 ● 표기합니다.
4. 과목명 란은 해당교시 과목명을 한글로 기재하고 ● 표기합니다.
5. 답안지에 낙서를 하거나 긁거나 구기면 안 됩니다.
6. 수정액(수정스티커)을 사용하거나 2개 이상 표기한 문항은 무효 처리 됩니다.

고등학교 졸업학력 검정고시 답안지

성 명 (한 글)

수 험 번 호

(1)						
(2)	⓪	⓪	⓪	⓪	⓪	⓪
	①	①	①	①	①	①
	②	②	②	②	②	②
	③	③	③	③	③	③
	④	④	④	④	④	④
	⑤	⑤	⑤	⑤	⑤	⑤
	⑥	⑥	⑥	⑥	⑥	⑥
	⑦	⑦	⑦	⑦	⑦	⑦
	⑧	⑧	⑧	⑧	⑧	⑧
	⑨	⑨	⑨	⑨	⑨	⑨

※ 성명, 수험번호, 과목명 확인 후 감독관 날인.

감독관 확인란	

교시	과 목 명	표기란
1		○
2		○
3		○
4		○
5		○
6		○
7		○

※ 응시자는 표기하지 마시오.

결시자 표기란	○

문항	답 란	문항	답 란	문항	답 란
1	① ② ③ ④	11	① ② ③ ④	21	① ② ③ ④
2	① ② ③ ④	12	① ② ③ ④	22	① ② ③ ④
3	① ② ③ ④	13	① ② ③ ④	23	① ② ③ ④
4	① ② ③ ④	14	① ② ③ ④	24	① ② ③ ④
5	① ② ③ ④	15	① ② ③ ④	25	① ② ③ ④
6	① ② ③ ④	16	① ② ③ ④		
7	① ② ③ ④	17	① ② ③ ④		
8	① ② ③ ④	18	① ② ③ ④		
9	① ② ③ ④	19	① ② ③ ④		
10	① ② ③ ④	20	① ② ③ ④		

답안지 작성요령

1. 답안지 작성은 반드시 컴퓨터용 수성사인펜을 사용하여 다음 보기와 같이 표기합니다.
   〈보기〉 정상 답안 표기: ●　　무효 처리 답안 표기: Ⓥ Ⓧ ⊙ ◑ ∅
2. 성명은 한글로 기재합니다.
3. 수험번호 (1)란은 아라비아 숫자를 쓰고, (2)란은 해당번호에 ● 표기합니다.
4. 과목명 란은 해당교시 과목명을 한글로 기재하고 ● 표기합니다.
5. 답안지에 낙서를 하거나 긁거나 구기면 안 됩니다.
6. 수정액(수정스티커)을 사용하거나 2개 이상 표기한 문항은 무효 처리 됩니다.

고등학교 졸업학력 검정고시 답안지

성 명 (한 글)

수 험 번 호

(1)

(2)

⓪	⓪	⓪	⓪	⓪	⓪
①	①	①	①	①	①
②	②	②	②	②	②
③	③	③	③	③	③
④	④	④	④	④	④
⑤	⑤	⑤	⑤	⑤	⑤
⑥	⑥	⑥	⑥	⑥	⑥
⑦	⑦	⑦	⑦	⑦	⑦
⑧	⑧	⑧	⑧	⑧	⑧
⑨	⑨	⑨	⑨	⑨	⑨

교시	과 목 명	표기란
1		○
2		○
3		○
4		○
5		○
6		○
7		○

문항	답 란	문항	답 란	문항	답 란
1	① ② ③ ④	11	① ② ③ ④	21	① ② ③ ④
2	① ② ③ ④	12	① ② ③ ④	22	① ② ③ ④
3	① ② ③ ④	13	① ② ③ ④	23	① ② ③ ④
4	① ② ③ ④	14	① ② ③ ④	24	① ② ③ ④
5	① ② ③ ④	15	① ② ③ ④	25	① ② ③ ④
6	① ② ③ ④	16	① ② ③ ④		
7	① ② ③ ④	17	① ② ③ ④		
8	① ② ③ ④	18	① ② ③ ④		
9	① ② ③ ④	19	① ② ③ ④		
10	① ② ③ ④	20	① ② ③ ④		

※ 성명, 수험번호, 과목명 확인 후 감독관 날인.

감독관 확인란	

※ 응시자는 표기하지 마시오.

결시자 표기란	○

답안지 작성요령

1. 답안지 작성은 반드시 컴퓨터용 수성사인펜을 사용하여 다음 보기와 같이 표기합니다.

   〈보기〉 정상 답안 표기: ● 　 무효 처리 답안 표기: Ⓥ ⊗ ⊙ ◖ ⦸
2. 성명은 한글로 기재합니다.
3. 수험번호 (1)란은 아라비아 숫자를 쓰고, (2)란은 해당번호에 ● 표기합니다.
4. 과목명 란은 해당교시 과목명을 한글로 기재하고 ● 표기합니다.
5. 답안지에 낙서를 하거나 긁거나 구기면 안 됩니다.
6. 수정액(수정스티커)을 사용하거나 2개 이상 표기한 문항은 무효 처리 됩니다.

고등학교 졸업학력 검정고시 답안지

성 명 (한 글)					

수 험 번 호					
(1)					
(2)	⓪ ① ② ③ ④ ⑤ ⑥ ⑦ ⑧ ⑨	⓪ ① ② ③ ④ ⑤ ⑥ ⑦ ⑧ ⑨	⓪ ① ② ③ ④ ⑤ ⑥ ⑦ ⑧ ⑨	⓪ ① ② ③ ④ ⑤ ⑥ ⑦ ⑧ ⑨	⓪ ① ② ③ ④ ⑤ ⑥ ⑦ ⑧ ⑨

교시	과 목 명	표기란
1		○
2		○
3		○
4		○
5		○
6		○
7		○

문항	답 란	문항	답 란	문항	답 란
1	① ② ③ ④	11	① ② ③ ④	21	① ② ③ ④
2	① ② ③ ④	12	① ② ③ ④	22	① ② ③ ④
3	① ② ③ ④	13	① ② ③ ④	23	① ② ③ ④
4	① ② ③ ④	14	① ② ③ ④	24	① ② ③ ④
5	① ② ③ ④	15	① ② ③ ④	25	① ② ③ ④
6	① ② ③ ④	16	① ② ③ ④		
7	① ② ③ ④	17	① ② ③ ④		
8	① ② ③ ④	18	① ② ③ ④		
9	① ② ③ ④	19	① ② ③ ④		
10	① ② ③ ④	20	① ② ③ ④		

※ 성명, 수험번호, 과목명 확인 후 감독관 날인.

감독관 확인란	

※ 응시자는 표기하지 마시오.

결시자 표기란	○

답안지 작성요령

1. 답안지 작성은 반드시 컴퓨터용 수성사인펜을 사용하여 다음 보기와 같이 표기합니다.

   〈보기〉 정상 답안 표기: ●   무효 처리 답안 표기: Ⓥ ⊗ ⊙ ◑ ⦸
2. 성명은 한글로 기재합니다.
3. 수험번호 (1)란은 아라비아 숫자를 쓰고, (2)란은 해당번호에 ● 표기합니다.
4. 과목명 란은 해당교시 과목명을 한글로 기재하고 ● 표기합니다.
5. 답안지에 낙서를 하거나 긁거나 구기면 안 됩니다.
6. 수정액(수정스티커)을 사용하거나 2개 이상 표기한 문항은 무효 처리 됩니다.

고등학교 졸업학력 검정고시 답안지

성 명 (한 글)

수 험 번 호

(1)

(2)

0	0	0	0	0	0
1	1	1	1	1	1
2	2	2	2	2	2
3	3	3	3	3	3
4	4	4	4	4	4
5	5	5	5	5	5
6	6	6	6	6	6
7	7	7	7	7	7
8	8	8	8	8	8
9	9	9	9	9	9

교시	과 목 명	표기란
1		○
2		○
3		○
4		○
5		○
6		○
7		○

문항	답 란	문항	답 란	문항	답 란
1	① ② ③ ④	11	① ② ③ ④	21	① ② ③ ④
2	① ② ③ ④	12	① ② ③ ④	22	① ② ③ ④
3	① ② ③ ④	13	① ② ③ ④	23	① ② ③ ④
4	① ② ③ ④	14	① ② ③ ④	24	① ② ③ ④
5	① ② ③ ④	15	① ② ③ ④	25	① ② ③ ④
6	① ② ③ ④	16	① ② ③ ④		
7	① ② ③ ④	17	① ② ③ ④		
8	① ② ③ ④	18	① ② ③ ④		
9	① ② ③ ④	19	① ② ③ ④		
10	① ② ③ ④	20	① ② ③ ④		

※ 성명, 수험번호, 과목명 확인 후 감독관 날인.

감독관 확인란	

※ 응시자는 표기하지 마시오.

결시자 표기란	○

답안지 작성요령

1. 답안지 작성은 반드시 컴퓨터용 수성사인펜을 사용하여 다음 보기와 같이 표기합니다.

   〈보기〉 정상 답안 표기: ●　　무효 처리 답안 표기: Ⓥ ⊗ ⊙ ◑ ⊘

2. 성명은 한글로 기재합니다.
3. 수험번호 (1)란은 아라비아 숫자를 쓰고, (2)란은 해당번호에 ● 표기합니다.
4. 과목명 란은 해당교시 과목명을 한글로 기재하고 ● 표기합니다.
5. 답안지에 낙서를 하거나 긁거나 구기면 안 됩니다.
6. 수정액(수정스티커)을 사용하거나 2개 이상 표기한 문항은 무효 처리 됩니다.

고등학교 졸업학력 검정고시 답안지

성 명 (한 글)

수 험 번 호

(1)

(2)

⓪	⓪	⓪	⓪	⓪	⓪
①	①	①	①	①	①
②	②	②	②	②	②
③	③	③	③	③	③
④	④	④	④	④	④
⑤	⑤	⑤	⑤	⑤	⑤
⑥	⑥	⑥	⑥	⑥	⑥
⑦	⑦	⑦	⑦	⑦	⑦
⑧	⑧	⑧	⑧	⑧	⑧
⑨	⑨	⑨	⑨	⑨	⑨

교시	과 목 명	표기란
1		○
2		○
3		○
4		○
5		○
6		○
7		○

문항	답 란	문항	답 란	문항	답 란
1	① ② ③ ④	11	① ② ③ ④	21	① ② ③ ④
2	① ② ③ ④	12	① ② ③ ④	22	① ② ③ ④
3	① ② ③ ④	13	① ② ③ ④	23	① ② ③ ④
4	① ② ③ ④	14	① ② ③ ④	24	① ② ③ ④
5	① ② ③ ④	15	① ② ③ ④	25	① ② ③ ④
6	① ② ③ ④	16	① ② ③ ④		
7	① ② ③ ④	17	① ② ③ ④		
8	① ② ③ ④	18	① ② ③ ④		
9	① ② ③ ④	19	① ② ③ ④		
10	① ② ③ ④	20	① ② ③ ④		

※ 성명, 수험번호, 과목명 확인 후 감독관 날인.

감독관 확인란	

※ 응시자는 표기하지 마시오.

결시자 표기란	○

답안지 작성요령

1. 답안지 작성은 반드시 컴퓨터용 수성사인펜을 사용하여 다음 보기와 같이 표기합니다.

   〈보기〉 정상 답안 표기: ●   무효 처리 답안 표기: Ⓥ ⊗ ⊙ ◐ ⊘
2. 성명은 한글로 기재합니다.
3. 수험번호 (1)란은 아라비아 숫자를 쓰고, (2)란은 해당번호에 ● 표기합니다.
4. 과목명 란은 해당교시 과목명을 한글로 기재하고 ● 표기합니다.
5. 답안지에 낙서를 하거나 긁거나 구기면 안 됩니다.
6. 수정액(수정스티커)을 사용하거나 2개 이상 표기한 문항은 무효 처리 됩니다.

고등학교 졸업학력 검정고시 답안지

성 명 (한 글)					
수 험 번 호					
(1)					
(2)	⓪ ① ② ③ ④ ⑤ ⑥ ⑦ ⑧ ⑨	⓪ ① ② ③ ④ ⑤ ⑥ ⑦ ⑧ ⑨	⓪ ① ② ③ ④ ⑤ ⑥ ⑦ ⑧ ⑨	⓪ ① ② ③ ④ ⑤ ⑥ ⑦ ⑧ ⑨	⓪ ① ② ③ ④ ⑤ ⑥ ⑦ ⑧ ⑨

※ 성명, 수험번호, 과목명 확인 후 감독관 날인.

감독관 확인란	

※ 응시자는 표기하지 마시오.

결시자 표기란	○

교시	과 목 명	표기란
1		○
2		○
3		○
4		○
5		○
6		○
7		○

문항	답 란	문항	답 란	문항	답 란
1	① ② ③ ④	11	① ② ③ ④	21	① ② ③ ④
2	① ② ③ ④	12	① ② ③ ④	22	① ② ③ ④
3	① ② ③ ④	13	① ② ③ ④	23	① ② ③ ④
4	① ② ③ ④	14	① ② ③ ④	24	① ② ③ ④
5	① ② ③ ④	15	① ② ③ ④	25	① ② ③ ④
6	① ② ③ ④	16	① ② ③ ④		
7	① ② ③ ④	17	① ② ③ ④		
8	① ② ③ ④	18	① ② ③ ④		
9	① ② ③ ④	19	① ② ③ ④		
10	① ② ③ ④	20	① ② ③ ④		

답안지 작성요령

1. 답안지 작성은 반드시 컴퓨터용 수성사인펜을 사용하여 다음 보기와 같이 표기합니다.
   〈보기〉 정상 답안 표기: ●   무효 처리 답안 표기: Ⅴ Ⓧ ⊙ ◑ ⊘
2. 성명은 한글로 기재합니다.
3. 수험번호 (1)란은 아라비아 숫자를 쓰고, (2)란은 해당번호에 ● 표기합니다.
4. 과목명 란은 해당교시 과목명을 한글로 기재하고 ● 표기합니다.
5. 답안지에 낙서를 하거나 긁거나 구기면 안 됩니다.
6. 수정액(수정스티커)을 사용하거나 2개 이상 표기한 문항은 무효 처리 됩니다.

고등학교 졸업학력 검정고시 답안지

성 명 (한 글)					
수 험 번 호					
(1)					
(2)	⓪	⓪	⓪	⓪	⓪ ⓪
	①	①	①	①	① ①
	②	②	②	②	② ②
	③	③	③	③	③ ③
	④	④	④	④	④ ④
	⑤	⑤	⑤	⑤	⑤ ⑤
	⑥	⑥	⑥	⑥	⑥ ⑥
	⑦	⑦	⑦	⑦	⑦ ⑦
	⑧	⑧	⑧	⑧	⑧ ⑧
	⑨	⑨	⑨	⑨	⑨ ⑨

※ 성명, 수험번호, 과목명 확인 후 감독관 날인.

감독관 확인란	

교시	과 목 명	표기란
1		○
2		○
3		○
4		○
5		○
6		○
7		○

※ 응시자는 표기하지 마시오.

결시자 표기란	○

문항	답 란	문항	답 란	문항	답 란
1	① ② ③ ④	11	① ② ③ ④	21	① ② ③ ④
2	① ② ③ ④	12	① ② ③ ④	22	① ② ③ ④
3	① ② ③ ④	13	① ② ③ ④	23	① ② ③ ④
4	① ② ③ ④	14	① ② ③ ④	24	① ② ③ ④
5	① ② ③ ④	15	① ② ③ ④	25	① ② ③ ④
6	① ② ③ ④	16	① ② ③ ④		
7	① ② ③ ④	17	① ② ③ ④		
8	① ② ③ ④	18	① ② ③ ④		
9	① ② ③ ④	19	① ② ③ ④		
10	① ② ③ ④	20	① ② ③ ④		

답안지 작성요령

1. 답안지 작성은 반드시 컴퓨터용 수성사인펜을 사용하여 다음 보기와 같이 표기합니다.

   〈보기〉 정상 답안 표기: ●   무효 처리 답안 표기: Ⅴ ⊗ ⊙ ◑ ⊘
2. 성명은 한글로 기재합니다.
3. 수험번호 (1)란은 아라비아 숫자를 쓰고, (2)란은 해당번호에 ● 표기합니다.
4. 과목명 란은 해당교시 과목명을 한글로 기재하고 ● 표기합니다.
5. 답안지에 낙서를 하거나 긁거나 구기면 안 됩니다.
6. 수정액(수정스티커)을 사용하거나 2개 이상 표기한 문항은 무효 처리 됩니다.

고등학교 졸업학력 검정고시 답안지

성 명 (한 글)

수 험 번 호

(1)						
(2)	⓪	⓪	⓪	⓪	⓪	⓪
	①	①	①	①	①	①
	②	②	②	②	②	②
	③	③	③	③	③	③
	④	④	④	④	④	④
	⑤	⑤	⑤	⑤	⑤	⑤
	⑥	⑥	⑥	⑥	⑥	⑥
	⑦	⑦	⑦	⑦	⑦	⑦
	⑧	⑧	⑧	⑧	⑧	⑧
	⑨	⑨	⑨	⑨	⑨	⑨

※ 성명, 수험번호, 과목명 확인 후 감독관 날인.

감독관 확인란	

교시	과 목 명	표기란
1		○
2		○
3		○
4		○
5		○
6		○
7		○

※ 응시자는 표기하지 마시오.

결시자 표기란	○

문항	답 란	문항	답 란	문항	답 란
1	① ② ③ ④	11	① ② ③ ④	21	① ② ③ ④
2	① ② ③ ④	12	① ② ③ ④	22	① ② ③ ④
3	① ② ③ ④	13	① ② ③ ④	23	① ② ③ ④
4	① ② ③ ④	14	① ② ③ ④	24	① ② ③ ④
5	① ② ③ ④	15	① ② ③ ④	25	① ② ③ ④
6	① ② ③ ④	16	① ② ③ ④		
7	① ② ③ ④	17	① ② ③ ④		
8	① ② ③ ④	18	① ② ③ ④		
9	① ② ③ ④	19	① ② ③ ④		
10	① ② ③ ④	20	① ② ③ ④		

답안지 작성요령

1. 답안지 작성은 반드시 컴퓨터용 수성사인펜을 사용하여 다음 보기와 같이 표기합니다.

   〈보기〉 정상 답안 표기: ●　　무효 처리 답안 표기: Ⅴ ⊗ ⊙ ◑ ⊘
2. 성명은 한글로 기재합니다.
3. 수험번호 (1)란은 아라비아 숫자를 쓰고, (2)란은 해당번호에 ● 표기합니다.
4. 과목명 란은 해당교시 과목명을 한글로 기재하고 ● 표기합니다.
5. 답안지에 낙서를 하거나 긁거나 구기면 안 됩니다.
6. 수정액(수정스티커)을 사용하거나 2개 이상 표기한 문항은 무효 처리 됩니다.

검정고시 모의고사

정답 및 해설

고졸 검정고시 1회 모의고사 정답

1교시 국어

01	02	03	04	05	06	07	08	09	10	11	12	13	14	15	16	17	18	19	20	21	22	23	24	25
④	③	④	②	③	②	③	①	④	②	②	①	④	②	③	①	②	③	④	④	③	④	③	③	②

2교시 수학

01	02	03	04	05	06	07	08	09	10	11	12	13	14	15	16	17	18	19	20
④	①	①	①	④	③	③	②	③	④	①	①	②	③	③	④	④	④	①	④

3교시 영어

01	02	03	04	05	06	07	08	09	10	11	12	13	14	15	16	17	18	19	20	21	22	23	24	25
③	②	②	②	④	③	④	④	②	②	①	①	③	②	③	④	④	②	③	④	③	④	②	③	④

4교시 사회

01	02	03	04	05	06	07	08	09	10	11	12	13	14	15	16	17	18	19	20	21	22	23	24	25
②	④	①	②	④	③	①	②	④	③	④	③	④	①	③	②	④	③	②	④	②	④	①	②	④

5교시 과학

01	02	03	04	05	06	07	08	09	10	11	12	13	14	15	16	17	18	19	20	21	22	23	24	25
③	②	②	①	③	④	④	①	②	③	①	③	②	②	③	③	③	④	①	③	④	②	②	①	②

6교시 한국사

01	02	03	04	05	06	07	08	09	10	11	12	13	14	15	16	17	18	19	20	21	22	23	24	25
③	④	③	④	③	④	②	④	④	①	②	③	④	④	④	②	③	②	②	②	②	①	①	④	④

7교시 도덕

01	02	03	04	05	06	07	08	09	10	11	12	13	14	15	16	17	18	19	20	21	22	23	24	25
①	②	①	④	④	③	③	④	③	②	③	④	①	④	③	②	③	③	④	②	①	②	③	③	②

1. ④ 경준의 말을 요약·정리하고 반영하였다.
   오답피하기
   ① 소극적 들어주기에 해당한다.
   ② 속상해하는 친구에게 자신의 성적이 올라 행복하다는 표현은 공감적 듣기에 해당하지 않는다.
   ③ 친구를 놀리며 비난하는 표현은 공감적 듣기에 해당하지 않는다.

2. ③ 자신의 부족한 점을 언급하며 자기 자신에 대한 칭찬을 최소화하고 자신에 대한 비방을 극대화하고 있다.

3. ④ 밥물[밤물]로 비음화 현상이다.
   오답피하기
   ① 굳이[구지]로 구개음화 현상이다.
   ② 같이[가치]로 구개음화 현상이다.
   ③ 닫히다[다티다 > 다치다]로 거센소리되기(축약)가 일어난 후 구개음화 현상이 나타난다.

4. ② '모시다'라는 특수 어휘를 이용한 객체 높임 문장이다.
   오답피하기
   ①, ④ '께서', 선어말 어미 '–시–'를 이용한 주체 높임 문장이다.
   ③ 해라체가 사용된 상대 높임 표현이다.

5. ⓒ 채식하는 날과 반려 동물에 대한 인식 향상은 관련이 없는 내용으로 삭제해야 한다.

6. 〈보기〉에서는 '채식하는 날'과 '학교 급식'이, 다양한 종류의 식품을 골고루 제공해야 한다는 동일한 목적을 가진다고 언급하고 있다. 따라서 이를 고려하여 수정한다면, '채식하는 날'이 학생들의 육류 음식 위주로 먹지 못하게만 하는 것이 아니라 채소류 음식의 섭취 기회를 늘려 보다 균형 있게 영양소를 섭취하게 하는 데 있다는 내용으로 수정해야 한다.
   오답피하기
   ① 육류 음식보다 채소류 음식이 학생들의 건강에 더 도움이 된다는 사실을 알려야 한다는 내용은 〈보기〉의 내용과 관련이 없으며 본문의 주장과도 일치하지 않는다.
   ③ 채소류 음식만으로 필요한 영양소를 모두 충족할 수 있음을 알려야 한다는 내용은 〈보기〉의 내용과 관련이 없으며 본문의 주장과도 일치하지 않는다.
   ④ 채소류 위주의 식습관 형성이 건강 증진과 기후 위기 방지에 기여한다는 점은 본문의 주장과 일치하나, 〈보기〉의 내용과는 관련이 없다.

7. ⓒ은 피동접미사 '–히'가 사용되었다.

8. ① 색채어가 활용된 부분도 없고, 모란 또한 불변성을 갖고 있지 않다.

오답피하기
   ② 1, 2행과 11, 12행이 비슷한 문장 구조를 나타내고 있다. 이는 변형된 수미상관에 해당한다.
   ③ 12행 '나는 아직 기둘리고 있을 테요 찬란한 슬픔의 봄을'에서 도치법이 나타난다.
   ④ '뚝뚝'이라는 음성 상징어를 통해 대상의 움직임에서 느끼는 인상을 드러내고 있다.

9. 〈보기〉의 설명은 역설로, ⓔ이 그에 해당한다.
   오답피하기
   ① ㉠은 의인법이다.
   ② ㉤은 모란의 은유적 표현이다.
   ③ ㉣은 과장법이 사용되었다.

10. 화자에게 있어 모란은 소망과 보람을 나타낸다. ⓐ는 그런 모란이 떨어진 때이고, ⓑ는 모란이 다시 피기를 슬퍼하며 기다리는 때이다. 그러므로 ⓐ, ⓑ 모두 대상과의 소통이 확대되고 있다는 설명에 해당하지 않는다.

11. ㉤ '어리다'는 '어리석다'의 의미로 쓰였다.

12. [A]에 '그 관변 모 씨에게 박희완 영감부터 속아 떨어진 것이었다.'는 내용으로 보아 박희완 영감이 관변 모 씨와 함께 안 초시를 속일 계획을 세웠다는 설명은 옳지 않다.
   오답피하기
   ② '3천 원의 순이익이 오륙만 원은 될 것이라, 만 원 하나야 어디로 가랴 하는 타협'이 생겼다는 부분으로 보아, 딸이 부동산 투기로 이득을 보게 되면 그 이득의 일부를 자신에게 줄 것이라고 안 초시가 믿고 있음을 짐작할 수 있다.
   ③, ④ 부동산 투기가 실패로 돌아가고 재산을 투자한 딸에게 구박을 받는 안 초시의 모습이 나타나 있다. "재물이란 친자 간의 의리도 배추 밑 도리듯 하는 건가?"라는 안 초시의 한탄을 통해 알 수 있다.

13. 안 초시는 자신의 재산을 투자하지 않았다. ⓔ은 딸에게 권한 투기가 실패로 돌아가자 충격과 딸의 구박으로 식음을 전폐한 모습이다.

14. 부동산 투기의 결과를 요약적으로 제시하고 있다.

15. 임에 대한 원망의 정서는 드러나 있지 않다.

16. 도치로 해석할 경우 '임이 굳이 갔겠냐마는'으로 해석할 수 있고, 행간 걸침의 경우 '내가 굳이 보내놓고'로 해석할 수 있다. 이는 두 가지 의미로 해석할 수 있는 중의적 표현으로 볼 수 있다.

17. '내 마음을 어찌 흔들 수 있겠는가?' 등과 같은 설의적 표현을 통해 '주옹'의 가치관을 강조한다.
   오답피하기
   ① 점층적 방식을 활용하여 주제를 부각한 부분은 나타나지 않는다.
   ③ 반어적 진술은 나타나지 않는다.

④ 시각적 심상은 나타나지만 미각적 심상은 제시되어 있지 않다. 또한 이를 통해 대상을 예찬하고 있지 않다.

18. '주옹'은 ⓒ이 인다고 해도 자신의 마음을 흔들 수 없다고 이야기하고 있으므로 ⓒ 때문에 '주옹'이 위태로움을 느낀다는 진술은 적절하지 않다.

19. 백척간두 : 몹시 어렵고 위태로운 지경

> **오답피하기**
> ① 유비무환 : 미리 준비가 되어 있으면 걱정할 것이 없음.
> ② 유유상종 : 같은 무리끼리 서로 따르고 좇음.
> ③ 입신양명 : 출세하여 이름을 세상에 떨침.

20. 법은 공익을 실현하기 위해 사회 구성원들이 동의하였을 때에만 발휘된다는 내용을 통해 알 수 있다.

> **오답피하기**
> ① 인간이 집단생활을 하면 문제가 발생할 수밖에 없다. 이런 문제의 발생을 최대한 막기 위해 규칙을 정하는데 규칙을 정할 때는 사회 구성원의 의사를 반영하여야 한다.
> ② 만약 법이 없다면 권력자나 국가 기관이 권력을 멋대로 휘두를 수 있기 때문에 법은 국민의 자유와 권리를 보호하는 것이다.
> ③ 법이 개인이 처리해도 되는 일까지 간섭한다면 사람들은 평온하게 살기 힘들다.

21. 민법에는 다른 사람에게 끼친 손해는 그 행위가 위법하고 동시에 고의나 과실에 의한 경우에 책임을 진다는 원칙이 있다. 그래서 의도하지 않은 실수로 손해를 끼친 경우에도 손해를 배상할 책임이 있다.

> **오답피하기**
> ① 경제적 강자가 경제적 약자를 지배하는 수단으로 원칙들이 악용되기도 하여 20세기에 들면서 경제적 약자를 보호하기 위해 원칙이 수정되었다.
> ② 민법은 국가 기관이 아닌 사람들 간의 권리 관계에서 다툼을 해결할 때에 적용하는 법률이다.
> ④ 20세기에 들면서 재산권 행사는 공공복리에 적합하게 해야 한다는 수정된 원칙이 민법에 적용되고 있다.

22. 죄형법정주의는 법률로 정해둔 범죄만 처벌한다는 원칙으로 법률이 없으면 처벌을 할 수가 없다. 따라서 '법률이 없으면 범죄도 없고 형벌도 없다.'는 말이 죄형법정주의와 관련이 있다고 볼 수 있다.

23. 전국 시대의 혼란한 상황 속에서 인성론이 대두하게 된 배경과 고자의 성무선악설, 맹자의 성선설, 순자의 성악설 등 주요 사상가들의 견해가 제시되어 있다.

> **오답피하기**
> ① 성무선악설, 성선설, 성악설 등 각각이 갖는 장단점에 대한 비교는 드러나 있지 않다.
> ② 인성론의 두 견해를 절충한 새로운 이론이 소개되어 있지 않다.

④ 인성론이 등장한 시대적 상황은 언급되어 있으나 구체적 자료는 제시되어 있지 않다.

24. [A]를 보면, 맹자의 성선설은 호족들과 지주들이 국가 공권력에 저항하기 위한 논거로 사용되었고, 순자의 성악설은 군주가 공권력을 정당화하는 논거로 사용되었다고 드러나 있다. 이처럼 인성론은 집단의 정치적 입장을 정당화하기 위한 이념적 근거로 작용하기도 하였다.

> **오답피하기**
> ① 인성론의 등장으로 사람들이 혼란스러워했다는 내용은 나와 있지 않다.
> ② 권력자의 윤리 의식과 통치력의 상관관계는 드러나 있지 않다.
> ④ 인성을 잘 수양하면 초자연적 존재가 될 수 있다는 내용은 드러나 있지 않다.

25. 장발장이 은촛대를 훔쳤음에도 불구하고 미리엘 주교가 선물로 준 것이라고 거짓을 말한 것은 장발장의 본성을 규격화하려는 행위로 볼 수 없다.

> **오답피하기**
> ① 장발장이 빵을 훔친 동기인 배고픔으로 인한 식욕은 인간의 자연스러운 욕구로서 고자의 본성에 해당한다.
> ③ 미리엘 주교가 장발장에게 안식처를 제공한 것은 맹자가 주장한 측은지심에서 비롯된 인에 따른 것이다.
> ④ 장발장이 빵을 훔친 잘못으로 감옥에 갇힌 것은 순자의 관점에서 악한 본성을 제어하기 위한 규범에 따른 것이다.

1. $A = 2x^2 - x + 4$, $B = 2x + 3$이므로
$$A - B = (2x^2 - x + 4) - (2x + 3)$$
$$= 2x^2 + (-1-2)x + (4-3)$$
$$= 2x^2 - 3x + 1$$

2. x에 대한 항등식이므로 x에 대해 정리한 후 동류항끼리의 계수를 비교하여 좌변과 우변을 같게 하면 항등식이 성립한다.
우변을 전개하여 정리하면, $2x^2 - 2$가 되고 좌변과 우변의 일차항의 계수는 각각 a와 0이므로 $a = 0$

3. 다항식 $x^3 + x^2 - ax + 3$을 $P(x)$라 하면,
$$P(x) = x^3 + x^2 - ax + 3$$
$P(x)$가 $x+1$로 나누어떨어지므로, 인수정리에 의해 $P(-1) = 0$이다.
$$\Rightarrow P(-1) = -1 + 1 + a + 3 = 0$$
$$\therefore a = -3$$

4. 인수분해 공식 $x^3 + y^3 = (x+y)(x^2 - xy + y^2)$
을 이용하기 위해 y의 자리에 2를 대입하여 표현하면,
$x^3 + 2^3 = (x+2)(x^2 - x \times 2 + 2^2)$이 된다.
그러므로 $a = 2$임을 알 수 있다.

5. 복소수의 덧셈, 뺄셈은 허수단위 i를 문자처럼 생각하여 다항식의 덧셈, 뺄셈과 같은 방법으로 계산한다.
$1 + i + (1 + 3i)$를 실수부분과 허수부분으로 나누어 간단히 계산하여 나타내면,
$(1+1) + (1+3)i = 2 + 4i$이다.
복소수가 서로 같으려면, 실수부분과 허수부분이 각각 같아야 함을 이용하여 우변인 $2 + ai$와 비교하면 $a = 4$이다.

6. 근과 계수와의 관계 공식을 이용하여 문제를 해결할 수 있다.
$x^2 - ax - 7 = 0$에서 두 근을 α, β라 할 때, 공식에 의해 $\alpha + \beta = a$, $\alpha\beta = -7$이다.
두 근이 -1과 7이므로 대입하면,
$$-1 + 7 = a \Rightarrow a = 6$$

[참고]
근과 계수와의 관계

$$\boxed{a}\, x^2 + \boxed{b}\, x + \boxed{c} = 0$$

$$\alpha + \beta = 합 = -\frac{\boxed{b}}{\boxed{a}}, \quad \alpha\beta = 곱 = \frac{\boxed{c}}{\boxed{a}}$$

7. $0 \le x \le 3$일 때, 이차함수 $y = -(x-1)^2 + 4$의 최댓값과 최솟값을 그래프를 통해 찾을 수 있다.
꼭짓점과 구간의 양 끝값을 모두 비교하여 가장 큰 값이 최댓값, 가장 작은 값이 최솟값이 되므로, 각각의 함숫값들을 모두 구하면,
꼭짓점의 좌표는 $(1, 4)$이므로

$f(x) = -(x-1)^2 + 4$ $(0 \le x \le 3)$라 놓으면,
$$f(1) = 4$$
구간의 양 끝값은 $f(0) = 3$, $f(3) = 0$이다.
그러므로 $f(x)$의 최댓값은 4, 최솟값은 0이다.
최솟값과 최댓값의 합은 $4 + 0 = 4$

8. 방정식의 해는 식을 참이 되게 하는 미지수 x의 값이므로 식에 대입하여 문제를 해결할 수 있다.
사차방정식 $x^4 - x^2 + ax + 3 = 0$의 해가 -1이므로 식에 대입하면,
$$(-1)^4 - (-1)^2 + a \times (-1) + 3 = 0$$
$$\Rightarrow 1 - 1 - a + 3 = 0$$
$$\Rightarrow a = 3$$

9. 연립방정식의 해는 두 식을 동시에 만족시키는 미지수의 값이므로 식에 대입하면 두 식 모두 참이 된다.
$$\begin{cases} x + y = 3 & \cdots\cdots \ \text{㉠} \\ x^2 - y^2 = a & \cdots\cdots \ \text{㉡} \end{cases} \text{이라 놓고,}$$
$x = 2$, $y = b$를 두 식에 각각 대입하면,
㉠ : $x + y = 3 \Rightarrow 2 + b = 3$이므로 $b = 1$
㉡ : $x^2 - y^2 = a \Rightarrow 2^2 - b^2 = a$이므로 위에서 구한 b의 값을 식에 대입하면,
$$2^2 - 1^2 = a \Rightarrow 4 - 1 = a \Rightarrow a = 3$$
$$\therefore a + b = 3 + 1 = 4$$

[참고]
연립방정식의 해
두 개 이상의 식을 동시에 만족시키는 x, y의 값 또는 그 순서쌍 (x, y)

10. 절댓값을 포함한 일차부등식은 양수 a에 대하여
㉠ $|x| < a$의 해는 $-a < x < a$
㉡ $|x| > a$의 해는 $x < -a$ 또는 $x > a$이다.
이 성질을 이용하여 부등식 $|x-1| > 4$를 풀면,
$x - 1 < -4$ 또는 $x - 1 > 4$
$$\Rightarrow x < -3 \ \text{또는} \ x > 5$$
이므로 $a = 5$

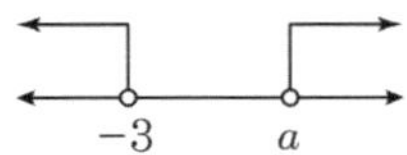

11. 내분점을 구하는 공식을 이용한다.
$$x = \frac{3 \times 1 + 1 \times (-3)}{3 + 1} = \frac{3 - 3}{4} = 0$$

12. 구하려는 직선의 방정식을 $y = ax + b$라 하면
그래프의 기울기는
$$a = \frac{(y \ 값의 \ 증가량)}{(x \ 값의 \ 증가량)} = \frac{-3-1}{5-3} = \frac{-4}{2} = -2$$
이다. 따라서 직선의 방정식은 $y = -2x + b$가 되고 지나는 두 점 중 하나의 점 $(3, 1)$을 식에 대입하면,
$$1 = -2 \times 3 + b \Rightarrow b = 7$$
이므로 직선의 방정식은 $y = -2x + 7$이 된다.

13. 중심이 점 $(-3, -4)$이고 반지름의 길이가 5이므로, 중심이 점 (a, b)이고 반지름의 길이가 r인 원의 방정식이 $(x-a)^2 + (y-b)^2 = r^2$과 같음을 이용하면, $(x+3)^2 + (y+4)^2 = 5^2$이 된다.

14. 점 $A(-1, 3)$을 x축에 대하여 대칭이동하면, y좌표의 부호가 반대로 바뀌므로 $B(-1, -3)$이 된다.
(음수 → 양수, 양수 → 음수)
이때 원점 $O(0, 0)$과 $B(-1, -3)$ 사이의 거리를 구하기 위해 두 점 사이의 거리 공식에 대입하면,
$\overline{OB} = \sqrt{(-1-0)^2 + (-3-0)^2} = \sqrt{1+9} = \sqrt{10}$이다.

15. $A - B = \{x \mid x \in A, \ x \notin B\}$이다.
즉, A에는 포함되고, B에는 포함되지 않는 원소를 구하면 된다. 집합 A의 원소 $1, 2, 3, 4, 5$ 중 B와 공통인 교집합의 원소는 $3, 4, 5$이므로
$A - B = \{1, 2\}$이다.
$n(A-B)$는 $A-B$의 원소의 개수를 뜻하므로
$n(A-B) = 2$

16. 주어진 명제 '$x = 2$이면 $x^2 = 4$이다.'에서 가정과 결론을 각각 구하면,
[가정(p) : $x = 2$이다.],
[결론(q) : $x^2 = 4$이다.]와 같다.
명제의 역은 가정과 결론의 순서를 바꾼 것으로
'$x^2 = 4$이면 $x = 2$이다.'가 된다.

17. ④ $f^{-1}(5) = 3$이다. $\Rightarrow$ $f^{-1}(5) = 3$이면 $f(3) = 5$이다.
$f : X \rightarrow Y$에서 3에 대응하는 Y의 원소가 6이므로 거짓이다.
① $f(2) = 7$ $\Rightarrow$ $f(2)$는 x가 2일 때, 함숫값을 뜻하므로 2와 대응된 원소를 찾으면, 화살표가 7에 향함을 알 수 있다. 그러므로 $f(2) = 7$이다.
②, ③ 주어진 그림에서 집합 X는 정의역을, 집합 Y는 공역을 뜻하고, 집합 Y의 원소 중 집합 X의 원소에 대응이 된 원소의 집합을 치역이라 한다.
해당 함수의 정의역은 $\{1, 2, 3, 4\}$이고, 공역과 치역은 모두 $\{5, 6, 7, 8\}$이다.

18. 분수함수가 평행이동되면 그 점근선도 같이 평행이동되므로, 두 그래프의 점근선을 이용하여 평행이동을 구할 수 있다.
$y = \dfrac{1}{x}$의 그래프의 점근선은 $x = 0$, $y = 0$이고,
이것을 x축의 방향으로 a만큼, y축의 방향으로 b만큼 평행이동한 그래프의 점근선은 $x = a$, $y = b$가 된다.
또한, $y = \dfrac{1}{x+1} - 2$의 그래프의 점근선은 $x = -1$, $y = -2$이다.
두 함수가 같으므로 그 점근선 또한 같다.
$(x = a, y = b) = (x = -1, y = -2)$

그러므로 $a = -1$, $b = -2$가 되고, $a + b = -3$이다.

19. 서로 다른 네 권의 책 중 두 권을 골라 책꽂이에 일렬로 꽂는 경우의 수는 4가지 중 2가지를 순열로 택하는 경우의 수와 같으므로
${}_4\mathrm{P}_2 = 4 \times 3 = 12$가지이다.

20. 서로 다른 5가지의 빵 중 서로 다른 3개의 빵을 택하는 경우의 수이므로 $\dfrac{5 \times 4 \times 3}{3 \times 2 \times 1} = 10$가지이다.
[이때, $3 \times 2 \times 1$로 나누는 이유는 빵을 3가지 선택하였을 때, 순서가 바뀌어도 같은 결과로 보기 때문이다.]

다른풀이

5종류의 빵 중에서 서로 다른 3종류의 빵을 선택하는 경우의 수는 빵을 선택하는 순서가 바뀌어도 같은 결과이기 때문에 조합을 이용하여 구할 수 있다.
따라서 ${}_5\mathrm{C}_3 = \dfrac{5 \times 4 \times 3}{3!} = \dfrac{5 \times 4 \times 3}{3 \times 2 \times 1} = 10$으로,
경우의 수는 10가지이다.

1. 해석 공기 오염에 반대하는 전국적인 캠페인을 시작할 때다.
해설 pollution 오염,
national campaign 전국적인 캠페인,
against ~에 반대하는

2. 해석 비둘기는 평화를 상징한다.
해설 stand for 상징하다, dove 비둘기, peace 평화

3. 해석 내가 네게 연락할 거라고 약속할게.
해설 keep in touch with ~와 연락하다,
promise 약속하다

4. 해석 몇 개의 문제는 복잡했고 그리고 다른 몇 개는 단순했다.
① 감소 – 증가, ② 정직한 – 진실한,
③ 영구적인 – 일시적인, ④ 옳은 – 틀린
해설 ①, ③, ④는 반의어 관계인데 ②는 동의어 관계이다.

5. 해석 공중 목욕탕
냉탕과 온탕, 사우나실, 운동실, 그리고 독서실 있음.
수건 무료. 동시에 100명이 이용할 수 있음. 남자는 오
후 11시까지만 이용 가능. 어린이는 이용할 수 없음.
해설 어린이는 이용할 수 없으므로 ④가 일치하지 않는다.
public bath 공중 목욕탕, cold pool 냉탕,
sauna 사우나, exercise room 운동실,
reading room 독서실, free 공짜의,
towel 수건, available 이용할 수 있는,
at once 동시에, allowed 허락된

6. 해석 • 오늘 할 일을 내일로 미루지 마라.
• 이곳에서는 마스크를 착용해야 한다.
해설 put off 미루다, put on 착용하다

7. 해석 • 톰, 의사에게 진찰을 받아 보는 것이 어때?
• 나는 그가 나를 왜 좋아하지 않는지 그 이유를 모르
겠다.
해설 why don't you ~? ~하는 것이 어때? 제안이나 충고
를 할 때 사용하는 표현이며, 선행사 the reason 뒤에
관계부사 why가 적절하므로 공통으로 들어갈 말로
④가 적절하다.

8. 해석 • 우리는 그 결과에 만족했다.
• 우리는 그것과 관련이 없다.
해설 be satisfied with ~에 만족하다,
have nothing to do with ~와 관계가 없다

9. 해석 A : 수학 시험 어땠어?
B : 너무 쉬웠어.
A : 너 수학을 잘하는구나, 그렇지 않아?
① 매우 맛있는, ② 매우 쉬운,

③ 매우 비싼, ④ 매우 어려운
해설 a piece of cake은 쉽다란 의미이다.

10. 해석 A : 실례합니다, 운전면허증 좀 볼 수 있을까요?
B : 알겠습니다. 뭐가 잘못됐나요?
A : 안전벨트를 하지 않았네요. 그건 위법입니다.
해설 경찰관과 교통 법규를 위반한 운전자 간의 대화이다.
driver's license 운전면허증, fasten 매다, 잠그다,
seat belt 안전벨트, against the law 불법인, 위법인

11. 해석 A : 무엇을 도와드릴까요?
B : 한국 원화를 달러로 바꾸고 싶어요.
A : 얼마를 원하시나요?
B : 100달러요.
해설 은행에서 환전하는 대화이므로 ①이 적절하다.
would like to ~하고 싶다,
exchange 교환하다, 환전하다

12. 해석 이것은 했던 것, 먹었던 음식, 만났던 사람들, 그리고
그날 느꼈던 것에 관한 것을 말한다. 대부분 이것을 쓰
는 것은 매우 사적인 것이라고 느낀다. 이것을 다른 사
람들에게 보여 주는 것을 좋아하지 않는다.
① 일기, ② 친구, ③ 거울, ④ 애완동물
해설 한 일, 먹은 것, 만난 사람에 관한 것을 쓰는 사적인
것은 일기이다.
keep a diary 일기를 쓰다, private 사적인,
others 다른 사람들

13. 해석 A : 킹 타워에 어떻게 가나요?
B : ③ 다시 한번 말씀해 주실래요?
A : 킹 타워 가는 길 좀 가르쳐 줄 수 있나요?
B : 물론이죠. 이 길을 내려가서 우회전하세요. 그럼
찾을 수 있을 겁니다.
① 도와줄래요?
② 여기서 드실 건가요, 아니면 가져가실 건가요?
④ 무슨 일이야?
해설 I beg your pardon? = Pardon me? = Pardon? '다
시 한번 말씀해 주실래요?'라는 의미가 빈칸에 적절하다.
miss 놓치다

14. 해석 A : 나 수학 시험 망했어. 그게 날 우울하게 만드네.
B : ② 그거 어떤 기분인지 알지.
① 주변 사람들에게 친절하게 대해.
③ 물론이죠. 어서 하세요.
④ 좋은 생각이야.
해설 수학 시험 때문에 우울하다는 상대 마음을 생각해 주
는 ②가 적절하다.
fail 실패하다, depressed 우울한

15. 해석 A : 나 영어를 못해. 나에게 조언 좀 해 줄래?
B : 영어 동영상을 보는 건 어때? 영어 소설책 읽는 것

도 역시 도움이 될 거야.

A : 좋은 생각이네. 조언 고마워.

 be good at ~을 잘하다, advice 조언, 충고,
video 동영상, 비디오, novel 소설,
appreciate 감사하다, 고마워하다

16. 시간이 없으시다면, 쇼핑할 수 있는 싸고 좋은 방법이 이 맥스 인터넷 스토어에 있습니다. 마우스 클릭만으로 마음에 드는 모든 것들을 주문하실 수 있습니다.

 인터넷 쇼핑몰을 홍보하는 글이다.
cheap 싼, order 주문하다, click 클릭

17. 서울 미술관

• 위치 : 인사동

• 전시 내용 : 고화, 도자기 등

• 관람 시간 : 오전 9시에서 오후 9시

• 입장료 : 무료

• 연락처 : 문의 있으시면 012-3456-7890으로 전화하세요.

 주차와 관련된 내용은 알 수 없다.
art gallery 미술관, location 위치,
ceramics 도자기류, etc. 기타 등등,
admission fee 입장료, free 공짜인, 무료인,
contact 연락

18. 어렸을 때, 제인 구달은 모든 종류의 동물들을 좋아했다. 그녀가 커서 어른이 되었을 때, 그녀는 과학자가 되어 아프리카로 야생동물을 연구하러 가고 싶었다. 그녀는 부모님이 가난해서 대학을 갈 수 없었다. 그래서 그녀는 대신에 비서가 되었다.

 대학도서관에서 일했다는 내용은 언급되지 않았다.
all kinds 모든 종류, grow up 성장하다, 커서 어른이 되다, scientist 과학자, be able to ~할 수 있다,
university 대학교, secretary 비서, instead 대신에

19. 뇌는 2가지 측면을 가지고 있다 : 우측(뇌)와 좌측(뇌). 각각의 측면은 다른 것을 통제한다. 좌뇌는 언어와 수학 능력에 영향을 미치는 반면에 우뇌는 창의력에 영향을 준다.

 좌뇌와 우뇌의 기능에 대한 글이다.
brain 뇌, side 측면, control 통제하다,
affect 영향을 미치다, language 언어,
skill 기술, 능력, creativity 창의력

20. 우리 모두가 가끔은 사고를 당한다. 올바른 정보가 있으면, 우리는 도움이 필요한 누군가의 목숨을 <u>구할</u> 수 있다. 그러나, 효과적인 도움이 될 가장 좋은 방법은 응급처치 수업을 듣는 것이다.
① 위태롭게 하다, ② 상처를 주다,
③ 막다, ④ 구하다

 accident 사고, right information 올바른 정보,
effective 효과적인, first-aid 응급처치,
take a first-aid course 응급처치 수업을 듣다

21. 일반적으로, 남성은 파란색과 녹색 같은 더 시원한 색을 좋아하고 반면 여성들은 빨간색과 분홍색 같은 더 따뜻한 색을 좋아하는 경향이 있다. 하지만, 색의 선택은 남성과 여성의 차이와 상관없이 각자에게 특정되어지는 것이다.
③ 차이, ① 높이, 키, ② 수입, ④ 우정

 색의 선택은 남성과 여성의 차이와 상관없이 개인에게 특정되어지는 것이라고 설명하고 있다.
in general 일반적으로, tend to ~하는 경향이 있다,
such as ~와 같은, while 반면에, choice 선택,
specific 구체적인, 특정한, each person 각각의 사람, 각자, regardless of ~에 상관없이, between A and B A와 B 사이에

22. 당신은 얼마나 자주 웃나요? 웃음의 효과는 당신 생각보다 더 크다. 당신이 웃을 때, 몸 전체의 혈액 순환이 증가하고 몸 전체가 더 강해진다. (게다가, 웃을 때, 신체 상태도 더 좋아진다.)

 웃음의 효과에 추가해서 설명한 문장이므로 ④에 들어가는 것이 적절하다.
physical condition 신체 상태,
get better 더 좋아지다, effect 효과, laughter 웃음,
blood circulation 혈액 순환, whole 전체의,
increase 증가하다

23. 지구는 우리의 집이고 우리는 동식물과 함께 지구를 공유해야만 한다. 하지만 우리 지구는 매일 우리에 의해 오염되고 있는 중이다. 여기에 지구를 보호하기 위해 여러분들이 할 수 있는 몇 가지 것들이 있다.

 마지막 문장에 지구를 보호하는 몇 가지 것들에 관한 내용이 이어져야 적절하다.
earth 지구, share 공유하다, plant 식물,
pollute 오염시키다, protect 보호하다

24. 모든 노동자들의 거의 50%가 그들이 행복해하지 않는 직업을 가지고 있다. 당신에게는 이런 일이 일어나게 하지 마라. 만약 당신이 맞는 직업을 찾고 싶다면, 서둘러 신문 (구인)광고를 훑어보지는 마라. <u>대신</u>에, 앞서서 자신에 대해 생각해 봐라. 당신은 어떤 종류의 사람인가? 무엇이 당신을 행복하게 만드는가?

 nearly 거의, let 하게 하다, want 원하다,
right job 맞는 직업, 올바른 직업,
look through 살펴보다, 훑어보다,
person 사람

25. 자신에게 맞는 올바른 직업을 찾는 것에 관한 글이다.

1. 사회적 관점은 특정 사회 현상을 사회 제도 및 사회 구조와의 관련성 속에서 이해하는 것이다. 사회 구조와 제도가 사회 현상에 미치는 영향을 파악하고, 사회 문제에 대한 정책 대안을 마련하는 데 도움을 준다.

2. 제시된 내용은 사회권이다. 사회권은 바이마르 헌법에 최초로 명시되었다. 국가에 대하여 인간다운 삶을 요구할 수 있는 권리로 적극적 성격의 권리이다.

3. 문화 사대주의는 다른 사회의 문화가 우월하며 자신의 문화를 열등하다고 여기는 태도이다. 문화의 역사적·사회적 맥락을 중요시하는 태도는 문화 상대주의이다.

4. 장학금을 성적에 따라 분배하는 것은 업적에 따른 분배이다. 업적에 따른 분배는 당사자들이 성취하고 이바지한 정도에 따라 분배하는 것이다.

5. ㉠은 시민 불복종이다. 시민 불복종의 정당화 조건은 공익성, 공개적, 비폭력, 처벌 감수, 최후의 수단이 있다. 합법적 수단을 사용해서도 해결되지 않을 때 최후의 수단으로 시도되어야 한다.

6. 1970년대 석유 파동으로 스태그플레이션이 발생하여 정부의 역할을 제한하고 시장의 자유로운 경제 활동을 강조하는 신자유주의가 등장하였다.

7. 제시된 내용은 외부 효과 설명이다. 의도치 않게 타인에게 이익을 주는 외부 경제와 피해를 입히고도 대가를 치르지 않는 외부 불경제로 구분한다.

8. ㉠ 주식은 기업이 사업 자금 조달을 위해 발행하는 것으로 자금을 투자한 사람에게 그 대가로 회사 소유권의 일부를 지급하는 증서이며 배당금과 시세 차익을 누릴 수 있다.
   ㉡ 채권은 예금보다 안전성이 낮지만 수익성이 높고, 주식보다 수익성이 낮지만 안전성이 높다.

9. ㉠ 사회 서비스로 노인 돌봄 서비스, 가사 간병 서비스 등이 있다.
   ㉡ 공공 부조로 국민 기초 생활 보장 제도, 기초 연금, 의료 급여가 있다.

10. 문화 동화는 기존의 문화 요소가 다른 사회의 문화 요소로 흡수되어 정체성을 상실하는 현상으로 미국 인디언이 백인 문화와 접촉하면서 자신의 문화를 상실한 것이 대표적 사례이다.

11. D : 아시아 문화권, 계절풍의 영향으로 벼농사가 발달한다.
    오답피하기
    A : 아메리카 문화권, B : 유럽 문화권, C : 아프리카 문화권

12. 제시된 내용은 공동체주의자 매킨타이어의 주장이다. 공동체주의는 공동체에 대한 의무와 공익을 강조하며, 공동체를 개인의 정체성을 형성하고 삶의 방향을 설정하는 기반으로 여긴다. 또한 공동체의 구성원으로 관계적 자아와 연고적 자아를 강조한다.

13. (가) 영장 제도는 자유권 중 신체의 자유와 주거의 자유를, (나) 의무 교육 제도는 사회권 중 교육을 받을 권리를 보장하기 위해 헌법에 규정된 제도적 장치에 해당한다.

14. 한대 기후는 일 년 내내 기온이 낮다. 보온을 위해 동물의 가죽으로 만든 두꺼운 옷을 입는다. 순록의 유목을 하며 날고기, 날생선 등의 육류 위주의 섭취를 한다. 대표적인 가옥은 이글루이다.

15. 도시화로 인해 개인주의가 확산되고 핵가족 비율이 높아졌다.

16. 힌두교는 다양한 신을 믿는 다신교이다. 소를 신성시하며 갠지스강에서 목욕을 하고 사람이 죽으면 시체를 화장해서 뿌려 주기도 한다.

17. 제시된 내용은 고산 기후이다. 산지에 큰 도시가 나타나는 이유는 연중 봄과 같은 기후가 나타나 생활에 적합하기 때문이다.

18. 교통·통신의 발달로 집과 거리가 멀리 떨어진 학교, 직장으로 이동이 증가하였다.

19. B는 건조 기후 지역이며, 이슬람 문화권에 해당한다.
    오답피하기
    ① A는 서안 해양성 기후이며, 산업 혁명의 발상지이다.
    ③ C는 아시아 지역으로 계절풍이 나타난다.
    ④ D는 한대 기후가 나타나 인구가 희박하다.

20. 제시된 내용은 레오폴드의 대지 윤리이다. 생태계 전체를 하나의 유기체로 보고 공동체의 범위를 동물, 식물, 토양, 물을 포함한 대지까지 확대하려는 입장으로 대표적인 생태 중심주의 사상가이다.

21. 세계에서 가장 많이 사용하는 화석 에너지는 석유이다. 석유는 신생대 제3기층 배사 구조에 주로 매장되어 있으며, 수송 기관 및 화력 발전 연료용, 난방 연료 및 화학 공업의 원료로 사용된다.

22. 미래 세대가 필요로 하는 자원과 환경을 훼손하지 않으면서 현재를 살아가는 우리의 욕구를 동시에 충족시키는 것을 지속 가능한 발전이라 한다.

23. 노르웨이 사상가 갈퉁은 진정한 평화를 위해서는 직접적 폭력뿐만 아니라 구조적, 문화적 폭력이 사라진 적극적 평화를 주장하였다.

24. A 지역은 센카쿠 열도이다. 청·일 전쟁 이후 일본이 차지하였으나 이 지역에 석유와 천연가스가 풍부하다는 사실이 밝혀지면서 중국, 타이완이 자국의 영토라고 주장한다.

25. 제시된 내용은 비정부 기구(NGO)이다. 개인이나 민간단체 주도로 만들어진 국제 사회 행위 주체로 국제 사회의 보편적 가치인 환경 보호, 인권 보장 등을 위해 노력한다.

1. 그래핀은 탄소 원자가 육각형 벌집 모양의 구조를 이룬 신소재로 투명하고 유연성이 있어 휘어지는 디스플레이로 이용할 수 있다.

2. 충격량은 운동량의 변화량과 같다.
운동량의 변화량 = 나중 운동량 – 처음 운동량이므로
$(4kg \times 50m/s) - (4kg \times 20m/s) = 120kg \cdot m/s$가 된다.

3. 변압기는 송전 과정에서 전압을 변화시키는 장치로 전자기 유도를 이용한다. 변압기에서 전압은 코일의 감은 수에 비례한다.
코일을 감은 수의 비율은 1차 코일 : 2차 코일이 1 : 2이므로 전압의 비율 $V_1 : V_2 = 1 : 2$이다.
V_2가 200V이므로 $V_1 = 100$V이다.

4. 수평 방향으로 던진 물체의 운동은 수평 방향으로 작용하는 힘은 없으므로 속력이 일정한 등속 운동을 한다.

5. 전자기 유도는 코일 주위에서 자석을 움직일 때나 자석 주위에서 코일을 움직일 때 코일 내부를 지나는 자기장이 변하여 코일에 전류가 유도되어 흐르는 현상으로 이 전류에 의해 검류계 바늘이 움직인다. 발전기에서는 전자기 유도를 이용하여 전기 에너지를 생산한다.
〔오답피하기〕
① 자석의 움직임에 따라 검류계 바늘은 반대로 움직인다.
② 자석을 빠르게 움직이면 유도 전류가 세어져 검류계 바늘이 크게 움직인다.
④ 코일에 유도 전류가 흐른다.

6. 알칼리 금속은 주기율표 1족에 속하는 금속 원소로 실온에서 고체 상태로 존재하고 은백색 광택이 있다. 반응성이 커서 석유나 액체 파라핀에 보관한다. A는 1족에 존재하지만 비금속 수소 원소이다. B는 비활성 기체, C는 할로젠으로 A, B, C 모두 비금속이다.

7. 설탕은 공유 결합 물질로 물에는 녹지만 이온이 생성되지 않아 전류가 흐르지 않는다.
〔오답피하기〕
염화 나트륨, 염화 칼슘, 수산화 나트륨은 모두 이온 결합 물질로 물에 녹아 이온으로 이온화하기 때문에 전류가 흐른다.

8. 마그네슘은 산소를 얻는 산화(㉠)가 일어나 산화 마그네슘이 되고 산소는 산소를 잃는 환원이 일어난다. 반응물은 마그네슘과 산소 2가지, 생성물은 산화 마그네슘 1가지이므로 반응물의 종류가 더 많다.

9. 산은 물에 녹아 수소 이온(H^+)을 내놓는 물질로 수소 이온(H^+)에 의해 나타나는 공통의 성질을 산성이라고 한다. 산성은 신맛이 나고 푸른색 리트머스 종이를 붉은색으로 변화시킨다.

10. 대기의 21% 정도 차지하고 생물의 호흡에 이용되는 기체는 산소 기체로 2개의 산소 원자가 전자쌍을 공유하는 공유 결합 물질이다. 2개의 원자로 이루어진 분자이므로 이원자 분자이며 분자식은 O_2로 나타낸다.

11. 탄소 화합물은 탄소를 기본 골격으로 한 화합물로 단백질, 지질, 핵산, 녹말 등이 있다. 물, 무기 염류는 비탄소 화합물이다.

12. 인산－당－염기로 이루어진 뉴클레오타이드는 핵산의 단위체이다.

13. 세포막은 인지질(B) 2중층에 막단백질(A)이 파묻혀 있거나 관통하는 구조로 이루어져 있다.

14. 리보솜은 DNA의 유전 정보에 따라 단백질이 합성되는 장소이다.

15. 과잉 생산된 개체들 사이에는 다양한 변이가 존재하고 변이가 있는 개체들 사이에서 생존 경쟁이 일어나 환경에 잘 적응한 개체가 살아남아 자손을 더 많이 남기게 된다. 이 같은 자연 선택이 오랜 세월 동안 누적되면서 생물 진화가 일어난다.

16. 분해자는 스스로 양분을 만드는 광합성을 하지 못해 죽은 동물이나 생물의 배설물을 분해하여 양분을 얻는다. 세균, 버섯, 곰팡이 등이 해당한다.

17. 대폭발이 일어난 후 기본 입자인 쿼크와 전자가 생성되고 쿼크 3개가 모여 양성자와 중성자가 생성된다. 양성자 1개가 수소 원자핵이 되고, 양성자 2개와 중성자 2개가 모여 헬륨 원자핵이 된 후 원자핵과 전자가 모여 원자를 이루게 된다.

18. 미행성체의 충돌 열에 의해 지구의 온도가 매우 높아져 지구는 마그마 바다를 형성하고 이후 무거운 물질은 지구 중심으로 가라앉아 핵이 되고 가벼운 물질은 떠올라 맨틀이 형성된다.

19. ㄱ. 질량이 큰 별의 중심에서 철까지 만들어진다.
〔오답피하기〕
ㄴ. 핵융합에 의해 무거운 원소가 생성된다.
ㄷ. 별의 중심부로 갈수록 온도가 높아진다.

20. A는 선캄브리아 시대, B는 고생대, C는 중생대, D는 신생대이고, (나)는 암모나이트 화석으로 중생대 표준 화석이다.

21. 열권은 위로 갈수록 기온이 높아지고 공기가 매우 희박하여 낮과 밤의 기온 차인 일교차가 매우 큰 층으로 오로라가 나타난다.

22. (가) 지권에 화석 연료 형태로 존재하는 탄소가 이산화 탄소 형태로 기권으로 방출된다.
(나) 기권에 포함된 이산화 탄소가 수권에 탄산 이온 형태로 존재한다.

23. 판과 판이 어긋나는 보존형 경계에서는 변환 단층이 나타난다. 해구와 습곡 산맥은 판과 판이 가까워지는 수렴형 경계,

해령은 판과 판이 멀어지는 발산형 경계에서 나타나는 지형이다.

24. 사막화는 사막 주변 지역의 토지가 대기 대순환 변화, 과잉 경작, 과잉 방목, 무분별한 삼림 파괴 등 다양한 원인에 의해 황폐해지면서 사막이 넓어지는 현상을 말한다.

25. 태양광 발전은 태양 빛이 태양 전지에 닿아 흡수되면 전류가 흐르는 성질을 이용한다. 태양 전지에서 태양 에너지 → 전기 에너지 전환이 일어난다.

오답피하기
ㄱ. 태양광 발전이다.
ㄴ. 터빈의 회전에 의해 전기 에너지가 생산되는 과정 없이 태양 전지를 이용해 전기 에너지를 얻는다.

6교시 한국사

1. ㉠은 동예로, 읍군·삼로라 불린 군장들이 통치했으며, 책화, 족외혼, 무천의 풍습이 있었다.

오답피하기
① 서옥제는 고구려의 결혼 풍습이다.
② 8조법은 고조선의 법이다.
④ 천군은 삼한의 제사장을 일컫는다.

2. 제시된 글은 금관가야를 건립한 수로왕의 탄생 설화이다. 금관가야는 철이 풍부하여 이를 바탕으로 낙랑, 왜와 교류하였다.

오답피하기
① 녹읍 폐지는 통일 신라의 신문왕에 해당한다.
② 신라 진흥왕은 화랑도를 국가 조직으로 개편하였다.
③ 만적은 고려 무신 정권기 최충헌의 사노비로, 신분 해방을 주장하며 봉기하였다.

3. 제시된 지도는 신라가 최대 영토를 확보했던 6세기 진흥왕 시기에 해당한다. 진흥왕은 새로운 영토를 순행하며 4개의 순수비를 세웠다. 그중 서울에 북한산 순수비가 위치한다.

오답피하기
① 팔만대장경은 고려 무신 정권기에 몽골의 침입을 격퇴하기 위해 제작되었다.
② 직지심체요절은 고려 말에 제작된 책으로, 지금까지 남아 있는 금속활자 인쇄본 중 세계에서 가장 오래되었다.
④ 광개토 대왕릉비와 충주 고구려비는 고구려가 전성기였던 5세기에 설립되었다.

4. 제시문의 '서경으로 도읍지를 옮기면'은 묘청이 주장한 서경 천도 운동의 핵심 내용이다. 묘청은 풍수지리설의 영향을 받아 천도를 시도하였으나, 김부식을 비롯한 개경파의 반대로 뜻을 이루지 못했다.

오답피하기
① 『삼국사기』는 김부식이 집필한 역사책이다.
② 사심관과 기인 제도는 고려 태조가 호족 관리를 위해 마련하였다.
③ 전민변정도감은 공민왕이 권문 세족이 소유한 토지와 노비의 불법성을 조사하기 위해 설립한 기구이다.

5. 권문세족은 원의 세력을 이용해 집권한 세력으로, 음서를 통해 관직에 진출하고 대농장을 소유하였다. 이들의 불법성을 비판하고 개혁하려는 사람들이 신진 사대부이다.

6. 사림은 훈구를 몰아내고 조선 선조 때 집권하였다. 하지만 이조 전랑 임명 문제를 두고 김효원과 심의겸이 대립하자 집권 8년 만에 서인과 동인으로 나뉘어졌다.

오답피하기
① 고려 말 과전법 제정을 둘러싸고 온건파 사대부와 급진파 사대부로 나뉘어졌다.
② 골품제로 인해 진골과 6두품이 대립하였다.

③ 강화도 조약 이후 조선의 지식인들은 개화를 찬성하는 쪽
과 성리학적 질서 수호를 주장하는 쪽으로 나뉘어졌다.
후자를 위정척사파라고 한다.

7. 제시문은 정약용의 토지 개혁안과 저서로, 그는 조선 후기
실학자 중 중농학파로 분류된다.

오답피하기

① 원효는 통일 신라의 승려로, 화쟁 사상과 정토종을 주장
하였다.
③ 허준은 조선 중기에 『동의보감』을 집필하였다.
④ 박지원은 실학자 중 중상학파로, 상공업 진흥과 청 문물
수용을 주장하였다.

8. 흥선 대원군이 통치하기 전까지 군포는 평민에게만 부과되
었다. 양반은 군포 면제의 특권을 받았다. 하지만 흥선 대원
군은 군역 문란을 시정하기 위해 호포제를 실시하여 양반에
게도 군포를 징수하였다.

오답피하기

균역법은 1년에 2필씩 납부하던 군포를 1필로 감액해 준 제
도로, 영조 때 마련되었다.

9. '이곳'은 강화도이다. 병인양요 때 강화도는 프랑스군에 의해
점령되었고, 이곳에 있었던 외규장각이 약탈되었다.

오답피하기

① 윤봉길은 중국 상하이에서 의거를 단행하였다.
② 안중근은 중국 하얼빈에서 의거를 단행하였다.
③ 민족 대표 33인은 서울 종로에서 3·1 운동을 시작하였다.

10. 임오군란과 갑신정변은 청의 군사 개입으로 진압되었다. 청
은 임오군란 직후에 파병 대가로 조청 상민 수륙 무역 장정
을 요구하였다

11. 일본은 갑오개혁을 위해 군국기무처를 설립하였다.
정방은 고려 무신 집권자였던 최우가 마련한 인사 기구이다.

오답피하기

① 일본은 동학 농민 운동을 계기로 국내에 파병하였다. 이
렇게 들어온 일본군은 경복궁을 침입하여 김홍집 내각을
수립하고 갑오개혁을 강요하였다.
③ 갑신정변과 동학 농민 운동에서 제기되었던 신분제 폐지
는 갑오개혁에서 실현되었다.
④ 홍범 14조는 갑오개혁의 핵심 내용을 담은 강령이다.

12. 제시문은 대한 제국이 추진한 광무개혁에 해당한다.
③ 단발령은 을미개혁 때 발표되었다.

오답피하기

① 지계는 근대적 토지 문서로, 광무개혁 때 발행되었다.
② 대한 제국은 '옛것을 근본으로 삼고 새것을 참고한다'는
구본신참을 원칙으로 삼았다.

13. 을미의병, 을사의병, 정미의병으로 이어지는 의병 활동은 서
울 진공 작전 실패로 국내의 활동이 어려워졌다. 이후 의병
은 만주와 간도로 이동하여 독립군으로 활약하였다.

오답피하기

① 살수 대첩은 고구려의 을지문덕이 수나라를 살수에서 격
퇴시킨 사건이다.
② 매소성 전투는 삼국의 통일 과정에서 신라가 당과 싸운
전투로, 이곳에서 승리하며 삼국 통일의 쐐기를 박았다.
③ 6·25 전쟁 때 국군과 연합군은 인천 상륙 작전을 성공하
여 3개월 만에 서울을 탈환하였다.

14. 대한매일신보는 양기탁과 베델에 의해 발행되었다.

오답피하기

① 한성순보는 최초의 근대적 신문으로, 정부의 박문국에서
발행하였다.
② 동아일보는 조선일보와 더불어 1920년에 창간되었다.
③ 황성신문은 남궁억 등이 발행하였으며, 장지연이 을사늑
약에 반대하며 쓴 '시일야방성대곡'으로 유명하다.

15. 일본은 러일 전쟁 중 독도를 불법적으로 점령하였다.

오답피하기

③ '대한 제국 칙령 제41호'는 울릉도에 군을 설치하고 군수
가 울릉도를 비롯해 독도를 관장한다는 것을 담고 있다.

16. 제시문은 토지 조사 사업에 대한 설명으로, 1910년대에 추진
되었다.

오답피하기

① 1905년은 을사늑약이 체결된 해이다.
③ 1920년대에는 산미 증식 계획이 추진되었다.
④ 1937년 중일 전쟁이 일어난 후로, 일제는 전쟁에 필요한
인력과 물자를 한반도에서 강탈했다.

17. 미국 대통령 윌슨이 제창한 민족 자결주의는 많은 식민지 국
가에 독립의 열망을 불러일으켰다.

오답피하기

① 전주 화약은 동학 농민군과 조선 정부 사이에 체결된 협
약으로, 농민군의 자체 개혁을 인정하는 내용이 포함되
어 있다.
② 1943년에 개최된 카이로 회담에서 한반도의 독립이 최초
로 약속되었다.
④ 모스크바 3국 외상 회의는 광복 직후인 1945년 12월에
열렸다. 그곳에서 미소 공동 위원회, 신탁 통치 등이 합
의되었다.

18. 상하이에 설립된 대한민국 임시 정부는 국내와의 연락을 위
해 연통제를 마련하였다.

오답피하기

④ 대한민국 임시 정부의 운영 방향과 통일 방안을 논의하기
위해 1923년에 국민 대표 회의가 열렸다.

19. 1920~30년대에는 다양한 노동자, 농민 운동이 전개되었
다. 대표적인 노동 쟁의로는 1929년에 일어난 원산 총파업
이 있다.

① 형평 운동은 백정 출신들이 사회적 냉대와 차별에 저항하며 일으킨 운동이다.

③ 전태일 분신 사건은 1970년에 일어났다.

20. 백남운은 일본이 제기한 '한반도는 중세로 발전하지 못한 채 고대 사회에 머물러 있다'는 정체성론을 반박하며 우리 역사가 고대-중세로 착실히 이행했음을 강조하였다.

④ 주시경은 우리말 연구와 보급에 노력하였으며, 국문 연구소에서 활동하였다.

21. 여운형은 좌익과 우익을 연합하여 조선 건국 준비 위원회를 조직하였다.

22. 광복 직후 미국, 영국, 소련은 모스크바에서 모여 외상 회의를 열었다. 그곳에서 '한반도의 임시 정부 수립, 미소 공동 위원회 설립, 최대 5년간의 신탁 통치'에 합의하였다.

② 이승만 정부는 대통령의 3선 출마를 위해 사사오입 개헌안을 통과시켰다.

④ 독립 협회는 만민 공동회와 관민 공동회를 개최하여 민중의 소리를 모았다.

23. 이승만 정부의 독재에 저항하여 4·19 혁명이 일어났다.

③ 노태우는 1987년에 6·29 선언을 통해 대통령 직선제로의 개헌을 약속하였다.

24. 노태우 정부는 서울 올림픽을 개최했으며, 북방 외교를 추진하여 동유럽 국가와 관계를 개선하였다. 북한과 유엔에 동시에 가입하고, 남북 기본 합의서에 서명하였다.

①, ③ 이승만 정부는 농지 개혁을 추진하고, 친일파 청산을 위해 반민족 행위 처벌법을 제정하였다.

② 김영삼 정부는 금융 실명제를 시행하였다.

25. 남북 정상 회담은 김대중, 노무현, 문재인 정부에서 한 차례씩 열렸다. 1차 정상 회담에서 경제-문화 협력 강화를 주요 내용으로 하는 6·15 남북 공동 선언이 채택되었다.

② 남북 기본 합의서는 노태우 정부 때 체결하였다.

③ 7·4 남북 공동 성명은 박정희 정부 때 체결하였다.

7교시 도덕

1. 제시문은 인간이 마땅히 따라야 할 도덕규범에 대해 탐구하는 규범 윤리학에 대한 설명이다.

2. 칸트는 도덕 법칙을 존중하려는 의무에서 비롯된 행위만 도덕적 가치를 지닌다고 보았다. 이러한 도덕 법칙은 그 자체가 선이기 때문에 무조건 따라야 하는 법칙인 정언 명령의 형식으로 제시된다.

3. (가) 유교에서는 인간관계에서 실현해야 할 최상의 가치를 인(仁)으로 본다.

(나) 불교에서는 모든 존재와 현상이 다양한 원인과 조건에 의해 생겨난다는 연기론을 제시한다.

(다) 도교에서 강조하는 무위자연은 사람의 힘이 더해지지 않은 자연 그대로의 질서를 따르는 것이다.

4. 도덕적 추론이란 이유나 근거를 제시하면서 도덕 판단을 끌어내는 과정이다.

5. 행위 공리주의는 "어떤 행위가 최대의 유용성을 가져오는가?"를 중시하면서 다른 행위보다 더 많은 공리를 가져오는 행위를 옳은 행위로 본다.

6. 생명 중심주의 윤리는 도덕적 고려의 범위를 모든 생명체로 확대해야 한다고 보는 입장이다. 이에 따르면 도덕적 지위를 갖는 기준은 생명이며, 인간과 동물뿐만 아니라 식물을 포함한 모든 생명체가 내재적 가치를 지닌다는 점에서 동일하다.

7. 폭력을 사용해서는 안 되고, 합법적인 방식으로 불의한 법을 고치려는 노력을 먼저 한 후 최후의 수단이 되어야 한다. 또한 부정의한 법이 있더라도 그 사회의 법이나 제도 전체에 대해서 항거해서는 안 되며, 불복종 행위 때문에 법적인 처벌이나 제재를 받게 되더라도 이를 기꺼이 감수할 각오를 해야 한다. 이와 더불어 시민 불복종은 다수의 공개적인 활동을 통해 공동선을 지향해야 하며, 타인의 기본권을 침해해서는 안 된다.

8. 갑은 과학 기술의 가치 중립성을 강조하는 입장으로 과학 기술에 대한 윤리적 평가와 비판을 유보해야 한다고 주장한다.

9. 대중문화에 대한 검열을 통해 특정한 정치적 의도를 관철하거나 억압하는 수단으로 악용될 수 있다.

10. 남북통일은 인류의 보편적 가치를 구현하는 데 도움을 준다.

11. 제시문은 가족 해체 현상을 해결하기 위한 사회와 국가의 노력이 필요함을 강조하고 있다. 소외 가정에 대한 복지 혜택 제공, 맞벌이 가정을 위한 아이 돌봄 서비스 등이 이에 해당된다.

12. 샐러드 볼 이론은 다문화주의의 대표 이론으로 주류 문화와 비주류 문화 간의 구분을 두지 않는다.

13. 롤스는 정의의 원칙을 구성하기 위한 공정한 절차로서 무지의 베일을 쓴 원초적 입장이라는 가상적 상황을 설정하였다. 또한 노직은 타인의 침해로부터 개인을 보호하기 위한 역할만을 수행하는 최소 국가를 정당하다고 주장하였다.

14. ㄱ, ㄴ은 공리주의의 입장이다.

15. 인공 임신 중절의 반대 근거
- **잠재성 근거** : 태아는 임신 순간부터 성인으로 발달할 잠재성이 있으므로 인간의 지위를 지닌다.
- **존엄성 근거** : 모든 인간의 생명은 존엄하기 때문에 태아의 생명도 존엄하다.
- **무고한 인간의 신성불가침 근거** : 잘못이 없는 인간을 해치는 행위는 도덕적으로 옳지 않다. 태아는 무고한 인간이므로 해쳐서는 안 된다.

16. '지속 가능한 발전'은 미래 세대에게 남겨 주어야 할 자연환경을 파괴하지 않는 범위에서 현세대의 필요를 만족하게 하는 발전을 의미한다.

17. ㄱ, ㄹ은 심미주의의 입장이다.

18. 소통은 상대방과 상호 의견을 주고받으며 공유하는 것이다. 담론은 주로 토론의 형태로 이루어지는 이성적 의사소통 행위로, 각종 사건과 행위를 해석하고 인식하는 틀을 제공하여 사회 구성원이 그 틀을 토대로 현실을 바라보고 재구성하게 한다.

19. 전문직은 고도의 교육과 훈련을 통해서 사회적으로 승인된 자격을 취득한 사람을 의미한다. 그렇기 때문에 사회적 영향력이 크며, 그에 걸맞은 노블레스 오블리주의 자세가 요청된다고 볼 수 있다.

20. 보수주의자들은 사랑하는 남녀가 결혼이라는 합법적 테두리 내에서 출산과 양육에 대한 책임을 질 수 있는 성만을 도덕적으로 정당하다고 인정한다. 이와 달리 급진적인 자유주의자들은 성이 그 자체로 쾌락을 가져다주고 쾌락은 그 자체로 추구할 만한 목적을 지니고 있다고 본다. 그래서 사랑과 성을 결부하여 성적 자유를 제한하는 것은 옳지 않다고 주장한다.

21. 응보주의적 관점에서 형벌의 목적은 범죄 행위의 심각성에 비례하여 처벌하는 데 있다. 자유롭게 자신의 행위를 결정할 수 있는 이성적 존재는 자신의 범죄 행위에 책임을 져야 하므로 범죄에 상응하는 처벌을 받아야 한다.

22. 증자(曾子)의 일일삼성의 가르침은 하루의 삶을 성찰하는 지침이 될 수 있다.

23. 뉴 미디어 시대에 필요한 자세인 미디어 리터러시는 정보를 해석하고 습득하는 능력으로서 자신이 찾아낸 정보의 가치를 비판적으로 평가하고, 정보를 소비하는 주체들이 매체가 제공하는 정보를 비판적·능동적으로 수용할 수 있게 한다.

24. 환경 문제는 지구의 자정 능력을 넘어서 회복하기 어려운 수준으로 발생하는 경우가 많으며, 전 지구적으로 영향을 끼치는 초국가적 성격을 지니며, 책임 소재를 명확히 가리기 어려운 특징이 있다.

25. 국제 관계를 바라보는 현실주의에 의하면 국제 분쟁은 국가 간 세력이 균형을 이룰 때 해결할 수 있다. 이상주의에 의하면 국제기구, 국제법, 국제 규범 등 제도 개선을 통해 집단 안보가 형성되면 국제 분쟁을 해결할 수 있다.

고졸 검정고시 2회 모의고사 정답

1교시 국어

01	02	03	04	05	06	07	08	09	10	11	12	13	14	15	16	17	18	19	20	21	22	23	24	25
④	④	①	①	②	④	④	②	①	④	①	①	③	④	④	②	④	②	②	②	③	②	④	①	④

2교시 수학

01	02	03	04	05	06	07	08	09	10	11	12	13	14	15	16	17	18	19	20
①	②	②	①	①	④	②	④	③	②	④	④	②	①	③	③	④	④	①	③

3교시 영어

01	02	03	04	05	06	07	08	09	10	11	12	13	14	15	16	17	18	19	20	21	22	23	24	25
④	①	③	④	④	④	②	②	②	②	①	④	③	②	④	③	④	①	③	③	②	①	①	①	②

4교시 사회

01	02	03	04	05	06	07	08	09	10	11	12	13	14	15	16	17	18	19	20	21	22	23	24	25
①	④	④	④	②	①	④	③	④	④	③	③	②	④	①	②	①	②	②	③	②	④	②	④	②

5교시 과학

01	02	03	04	05	06	07	08	09	10	11	12	13	14	15	16	17	18	19	20	21	22	23	24	25
④	②	③	②	③	①	③	④	②	②	①	③	②	③	③	④	③	①	①	①	②	①	②	③	③

6교시 한국사

01	02	03	04	05	06	07	08	09	10	11	12	13	14	15	16	17	18	19	20	21	22	23	24	25
④	①	③	②	①	②	①	②	①	①	④	②	④	④	②	③	①	②	②	③	③	③	①	④	④

7교시 도덕

01	02	03	04	05	06	07	08	09	10	11	12	13	14	15	16	17	18	19	20	21	22	23	24	25
③	③	④	①	①	③	③	④	③	②	④	④	①	③	①	③	①	②	③	②	④	②	①	①	③

1. 명찬이가 연호에게 부탁을 할 때, 연호의 사정이 어떤지 묻지 않고 자신의 요청만 일방적으로 전달하고 있으며, '그냥 좀 바빠서 그래. 쩨쩨하게 굴지 말고 좀 해 줘'와 같이 부탁하는 이유를 구체적으로 설명하지 않고 상대를 비난하듯 말하였기 때문에 연호는 ㉠과 같은 반응을 보였다.

2. 'ㅍ'은 파열음, 'ㅎ'은 마찰음, 'ㅇ'은 비음이다.
> 오답피하기
> ① '평'의 끝소리는 [ㅇ]이다.
> ② 'ㅘ'는 이중모음이다.
> ③ 'ㅇ'은 여린입천장소리, 'ㅎ'은 목청소리이다.

3. ㉠ 주어인 '아버지'를 높이기 위해 주체 높임 선어말 어미 '-시-'를 사용하였다.
> 오답피하기
> ② 문장의 부사어인 '할머니'를 높이는 객체 높임이 나타난다.
> ③ ㉠은 특수 어휘 '진지, 드리다'로 객체 높임을 실현하고, ㉡은 특수 어휘 '계시다'로 주체 높임을 실현한다.
> ④ 주체를 직접적으로 높인다.

4. '㉠ 같이'는 '구름'이라는 명사에 붙어 '앞말이 보이는 전형적인 어떤 특징처럼'의 뜻을 나타내는 조사이고, '㉡ 같이'는 동사 '먹었다' 앞에 놓여 이를 꾸며 주는 부사이다.

5. ② '주어 + 부사어 + 부사어 + 서술어'로 이루어진 홑문장이다.
> 오답피하기
> ① 관형절 '작은'을 안은 겹문장이다.
> ③ 부사절 '밤이 깊도록'을 안은 겹문장이다.
> ④ 이어진문장으로 겹문장이다.

6. '부루퉁한 어조'는 비언어적 표현이 아니라 준언어적 표현이다.

7. ㉣ 문맥을 고려하면 앞 문장과의 연결을 자연스럽게 하기 위해 접속어 '그러면'을 넣는 것이 적절하다.

8. '지구 온난화의 문제에 대한 내 의견을 주장하고 싶어.'라고 말했으므로 글의 종류는 주장하는 글이다.

9. '~겠다'의 반복을 통해 운율을 형성함과 동시에 시적 화자의 의지를 강조하고 있다.
> 오답피하기
> ② 이 시는 4음보의 율격이 반복되고 있다.
> ③ 화자가 청자에게 말(이야기)을 건네는 방식으로 시가 전개되고 있다.
> ④ 부정적 의미의 시어는 '겨울밤 거리', '살아온 추위', '동사자' 등으로 나오지만, 지배적 시상으로 형성되지는 않는다.

10. 밑줄 친 부분에 드러난 표현 방법은 '역설법'이다. 겉으로는 모순된 듯하지만, 속으로는 진리를 담고 있다.
④는 반어법이 사용된 예시로, 눈물을 흘려야 하는 상황에 눈물을 흘리지 않겠다고 상황과 반대되는 표현법을 사용하고 있다.
> 오답피하기
> ① '외로운'의 이미지와 '황홀한'의 이미지가 대립된다.
> ② '님은 갔다'는 상황과 '님을 보내지 않았다'는 상황이 모순된다.
> ③ '고와서'의 이미지와 '서러워라'는 이미지가 서로 모순된다.

11. 과거의 게으른 삶에 대해 반성한다는 것은 적절하지 않다. 소외된 이웃에게 관심을 갖지 않았던 이기적인 삶에 태도에 대해 반성하는 태도로 고치는 것이 적절하다.
> 오답피하기
> ② 화자가 말하는 '너'는 우리 주위의 소외된 약자들에게 무관심한 사람들 전체를 일컫는 말이기에 적절하다.
> ③ '-겠다'라는 종결 어미의 반복을 통해 리듬감을 형성하고 화자의 의지를 강조한다.
> ④ '함박눈'은 약자에게는 고통, 강자에게는 기쁨을 준다. 하지만 그런 '눈'을 그치게 한, '눈 그친 눈길'은 모든 이들에게 평등함을 선사하는 공간이 될 수 있다.

12. 작품 속 등장인물인 '나'가 상황을 서술하는 1인칭 주인공 시점이다.
> 오답피하기
> ② '나'는 점순이를 좋아하며 일을 잘하고, 다소 어리숙하지만 순박하다.
> ③ 장인은 배 참봉 댁 마름으로 욕을 잘하고 욕심이 많은, 거칠고 돈에 인색한 인물이다.
> ④ 글 전반에 걸쳐 토속어를 사용하여 향토성을 표현하였다.

13. 갈등의 원인은 '점순'과 '나'의 성례이고 갈등을 해결하지 못하는 표면적 이유는 자라지 않는 점순이의 키 때문이다.

14. '어리숙한 데릴사위와 그를 이용하는 교활한 장인 간의 해학적 갈등'이 이 글의 주제이다.
> 오답피하기
> ① 1930년대를 배경으로 하나 일제 강점기 농촌의 어려운 모습은 나타나지 않는다.
> ② 나와 점순의 애틋한 사랑은 나타나지 않는다.
> ③ 마름인 '장인'의 모습이 부정적으로 묘사되었다.

15. ④ (가)는 설의법을 사용하여 화자의 지조와 절개를 강조한다. (나)는 '그 나믄 녀나믄 일이야 부룰 줄이 이시랴', '누고셔 삼공도곤 낫다 ᄒ더니 만승이 이만ᄒ랴'에서 설의법을 사용하여 자연 속 삶에 대한 만족감을 드러낸다.

② (가)는 백이와 숙제 고사를 활용하였고, (나)의 제4수에서
는 소부와 허유의 고사를 활용하였다.

16. ② '소부 허유'는 화자가 지향하는 대로 자연 속에서 즐거운
삶을 누렸던 사람이고, '놈'은 세속에 속하는 사람으로 이
러한 가치를 알지 못하는 사람이다.

① '산수'와 '임천' 모두 자연을 의미하므로 화자가 지향하는
세계이다.
③ '낡구'와 '뛰집'은 모두 자연 속 공간과, 그 속에서의 소박
한 삶의 태도를 드러내는 소재이다.
④ '녀나믄 일'은 자연을 즐기는 이외의 일로, 속세적 삶과 관
련 있다.

17. ④ 이승과 저승의 대립적 공간을 설정하여, 죽은 사람은 저
승으로 돌아가야 한다는 세계관을 통해 이생과 최 여인의
영원한 이별을 드러낸다.

① 시간 순서대로 사건이 전개된다.
② 전지적 작가 시점에서 이생과 최 여인의 삶을 드러낸다.
③ 인물 사이의 갈등은 드러나지 않고, 사회와의 갈등, 운명
과의 갈등이 드러난다.

18. ⓒ 최 여인의 죽음을 알고 있었으나 반가운 마음에 의심 없
이 최 여인의 안부를 묻고 있는 것이다.

19. ② '도적 떼'는 최 여인을 죽음에 이르게 한 홍건적을 의미한
다. '원앙'은 이생과 헤어지게 된 최 여인을 비유적으로 드
러낸 것이다.

20. D는 바람이 왼쪽에서 오른쪽으로 불며 동시에 위에서 아래
로 불 경우의 오조준 지점이다.

① 과녁의 정가운데 노란 지점이다.
③ C가 오조준 지점이다.
④ E가 오조준 지점이다.

21. ㄱ. Ⓐ는 서로 반대인 힘이 작용하고 있으므로 합력의 방향
은 큰 힘의 방향과 같다.
ㄷ. Ⓑ는 나란한 힘이 작용하고 있어, 합력의 크기가 두 힘의
크기를 합한 값과 같은 것이 맞으나, Ⓒ는 방향이 나란하
지 않은 두 힘이 작용하고 있으므로 대각선의 길이가 합
력의 크기가 된다.

22. 이 글은 오조준과 관련된 합력의 다양한 상황을 병렬적으로
제시하고 있다.

① 합력의 다양한 상황이지만 다양한 이론을 소개한 것으로
볼 수 없다.
③, ④ 모두 이 글에서 확인할 수 없는 내용 전개 방식이다.

23. 글쓴이는 리처드 도킨스의 『이기적 유전자』를 읽고 세계관이
바뀌는 경험을 했다.

① (나)의 '하지만 다행히 ~ 의미를 정리했다'에서 확인할 수
있다.
②, ③ (가)의 2문단에서 확인할 수 있다.

24. ㉠ 『사회 생물학』
ⓒ, ⓒ, ㉣ 『이기적 유전자』

25. 이 글은 독서로 인한 내면의 변화 과정을 제시하고 있는 주
관적 성격의 수필이므로 책의 내용을 객관적으로 전달하고
있다는 설명은 적절하지 않다.

③ (나)의 '마치 내 몸속의 ~ 야릇한 기분이었다' 등에서 확
인할 수 있다.

1. $A = x^2 + x - 1$, $B = x^2 - x$이므로
$$A + 2B = (x^2 + x - 1) + 2(x^2 - x)$$
$$= x^2 + x - 1 + 2x^2 - 2x$$
$$= (1 + 2)x^2 + (1 - 2)x - 1$$
$$= 3x^2 - x - 1$$

2. $x^2 + 3x + 4 = (x+1)^2 + a(x+1) + b$의 양변에
$x = -1$을 대입하면, $(-1)^2 + 3 \times (-1) + 4 = b$
$\Rightarrow b = 2$
$x = 0$을 대입하면, $4 = 1 + a + b \Rightarrow 4 = 1 + a + 2$
$\Rightarrow a = 1$
$\therefore a + b = 3$

3. 다항식 $x^3 + 3x^2 + ax + 1$을 $P(x)$라 하면,
$P(x) = x^3 + 3x^2 + ax + 1$
$P(x)$가 $x - 1$로 나눈 나머지가 3이므로,
나머지정리에 의해 $P(1) = 3$이다.
$\Rightarrow P(1) = 1 + 3 + a + 1 = 3$
$\therefore a = -2$

4. 인수분해 공식 $x^3 + 3x^2 y + 3xy^2 + y^3 = (x+y)^3$을 이용하기
위해 y의 자리에 2를 대입하여 표현하면,
$x^3 + 3x^2 \times 2 + 3x \times (2)^2 + (2)^3 = (x+2)^3$이 된다.
좌변을 정리하여 식을 간단히 하면,
$x^3 + 6x^2 + 12x + 8 = (x+2)^3$이다.
그러므로 $a = 2$임을 알 수 있다.

5. 복소수의 덧셈, 뺄셈은 허수단위 i를 문자처럼 생각하여 다
항식의 덧셈, 뺄셈과 같은 방법으로 계산한다.
$2 + 2i + (3 - i)$를 실수부분과 허수부분으로 나누어 간단히
계산하여 나타내면,
$(2 + 3) + (2 - 1)i = 5 + i$이다.
복소수가 서로 같으려면, 실수부분과 허수부분이 각각 같아
야 함을 이용하여 우변인 $5 + ai$와 비교하면 $a = 1$이다.

6. $x^2 - 6x + 5 = 0$에서 근과 계수와의 관계에 의하여
$\alpha + \beta = 6$, $\alpha\beta = 5$이다.
$\therefore \alpha + \beta + \alpha\beta = 6 + 5 = 11$
[참고]
근과 계수와의 관계
$$\boxed{a}\, x^2 + \boxed{b}\, x + \boxed{c} = 0$$

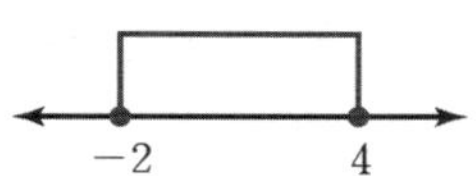

$$\alpha + \beta = 합 = -\frac{b}{a}, \quad \alpha\beta = 곱 = \frac{c}{a}$$

7. 구간이 제한된 이차함수의 최댓값과 최솟값은 꼭짓점과 구
간의 양 끝값을 이용하여 구한다.

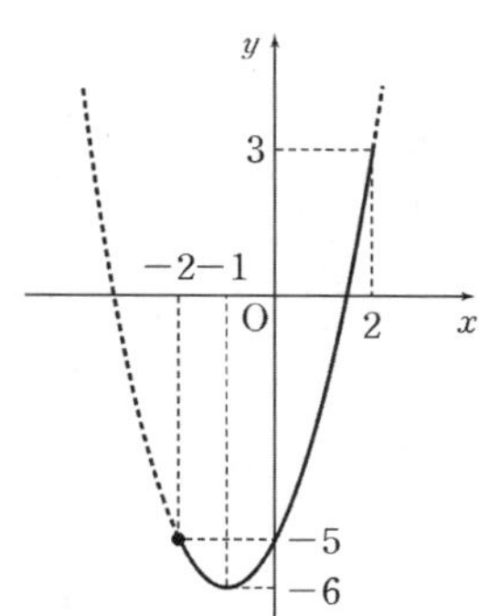

꼭짓점의 좌표는 $(-1, -6)$이므로
$f(x) = (x+1)^2 - 6 \ (-2 \leq x \leq 2)$이라 놓으면,
$f(-1) = -6$
구간의 양 끝값은 $f(-2) = -5$, $f(2) = 3$이다.
그러므로 $f(x)$의 최댓값은 3, 최솟값은 -6이다.
최솟값과 최댓값의 합은 $-6 + 3 = -3$

8. 방정식의 해는 식을 참이 되게 하는 미지수 x의 값이므로 식
에 대입하여 문제를 해결할 수 있다.
삼차방정식 $2x^3 - x^2 + ax + 2 = 0$의 해가 1이므로, 식에 대
입하면,
$2 \times (1)^3 - (1)^2 + a \times (1) + 2 = 0$
$\Rightarrow 2 - 1 + a + 2 = 0$
$\Rightarrow a = -3$
그러므로 상수 a의 값은 -3이다.

9. $|x| \leq b$ (단, $b > 0$)의 해는 $-b \leq x \leq b$임을 이용하면,
$|x - 1| \leq 3$의 해는
$-3 \leq x - 1 \leq 3 \Rightarrow -2 \leq x \leq 4$
이므로 이것을 수직선에 나타내면

이므로 $a = 4$이다.

10. $\begin{cases} 3x - 3 > 0 & \cdots\cdots\ \text{㉠} \\ (x+1)(x-3) \leq 0 & \cdots\cdots\ \text{㉡} \end{cases}$ 에서

㉠ : $3x - 3 > 0 \Rightarrow x > 1$
㉡ : $(x+1)(x-3) \leq 0 \Rightarrow -1 \leq x \leq 3$
두 식의 공통범위를 구하면 $1 < x \leq 3$이다.
그러므로, $\alpha = 1$, $\beta = 3$이다.
$\therefore \alpha\beta = 1 \times 3 = 3$

11. 좌표평면 위의 두 점 $A(x_1, y_1)$, $B(x_2, y_2)$ 사이의 거리는
$\overline{AB} = \sqrt{(x_2 - x_1)^2 + (y_2 - y_1)^2}$ 이므로,
공식에 대입하면, $A(0, 2)$, $B(4, -1)$
$\overline{AB} = \sqrt{(4 - 0)^2 + (-1 - 2)^2} = \sqrt{16 + 9}$
$= \sqrt{25}$
$= 5$

12. 직선 $y=\dfrac{1}{2}x+2$와 수직이므로, 서로 수직인 직선의 방정식

은 기울기의 곱이 -1이다. 그러므로 기울기가 $\dfrac{1}{2}$인 직선에

수직인 직선의 기울기는 -2이고, 점 $(0,\,-5)$를 지나므로
y절편이 -5인 직선의 방정식이다.

기울기가 a이고, y절편이 b인 직선의 방정식은
$y=ax+b$임을 이용하여 식을 구하면,
$y=-2x-5$이다.

13. 중심이 $(2,\,-3)$이므로, $(x-2)^2+(y+3)^2=r^2$이다.
원이 y축에 접하므로
반지름의 길이 $=|x$ 좌표$|$가 되어, 반지름 $=2$이다.
그러므로 원의 방정식은 $(x-2)^2+(y+3)^2=4$

14. 점 $(0,\,-2)$를 x축의 방향으로 3만큼, y축의 방향으로 5만
큼 평행이동한 점의 좌표는
$(0+3,\,-2+5)=(3,\,3)$

15. 두 집합 A, B에 대하여 집합 A에도 속하고 집합 B에도 속
하는 모든 원소로 이루어진 집합을 A와 B의 교집합이라 하
고, 이것을 기호로 $A\cap B$라 한다.
즉, $A\cap B=\{x\,|\,x\in A$ 그리고 $x\in B\}$이다.
집합 $A=\{1,\,2,\,4,\,8\}$, $B=\{1,\,2,\,3,\,4,\,5\}$이므로, 두 집합의
공통원소는 $1,\,2,\,4$이다.
그러므로 $A\cap B=\{1,\,2,\,4\}$
$n(A\cap B)=3$

16. 주어진 명제 ‘$x=3$이면 $x^2=9$이다.’에서 가정과 결론을 각
각 구하면,
[가정(p) : $x=3$이다.],
[결론(q) : $x^2=9$이다.]와 같다.
[가정의 부정$(\sim p)$: $x\ne 3$이다.],
[결론의 부정$(\sim q)$: $x^2\ne 9$이다.]
명제의 대우는 가정과 결론을 부정하여 순서를 바꾼 것으로,
‘$x^2\ne 9$이면 $x\ne 3$이다.’가 된다.

17. 주어진 그림에서 집합 X는 정의역을, 집합 Y는 공역을 뜻
하고, 집합 Y의 원소 중 집합 X의 원소에 대응이 된 원소의
집합을 치역이라 한다.
① 치역은 $\{2,\,4,\,6,\,8\}$이다. $\Rightarrow$ 참
② $f^{-1}(2)=3$이다. $\Rightarrow$ $f^{-1}(2)=3$이면 $f(3)=2$이다.
　$f:X\to Y$에서 3에 대응하는 Y의 원소가 2이므로 참
　이다.
③ 정의역은 $\{1,\,3,\,5,\,7\}$이다. $\Rightarrow$ 참
④ $f(6)=7$이다. $\Rightarrow$ $f(6)$은 x가 6일 때, 함숫값을 뜻한다.
　그러나 정의역의 원소에는 6이 없으므로, $f(6)$은 정의되
　지 않는다. $\Rightarrow$ 거짓

18. 분수함수가 평행이동되면 그 점근선도 같이 평행이동되므로,
두 그래프의 점근선을 이용하여 평행이동을 구할 수 있다.

$y=\dfrac{1}{x}$의 그래프의 점근선은 $x=0,\,y=0$이고,

이것을 x축의 방향으로 a만큼, y축의 방향으로 b만큼 평행
이동한 그래프의 점근선은 $x=a,\,y=b$가 된다.

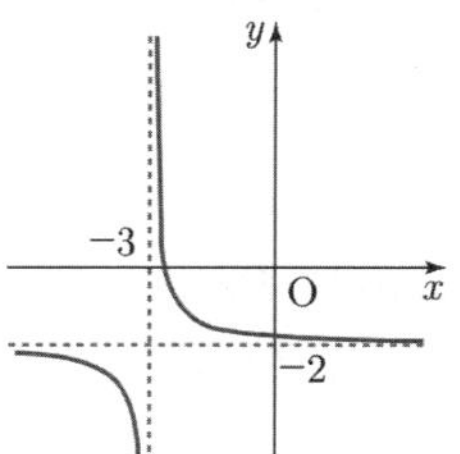

또한, 주어진 분수함수 $y=\dfrac{1}{x+3}-2$의 점근선은

$x=-3,\,y=-2$이다.
두 함수가 같으므로 그 점근선 또한 같다.
$(x=a,\,y=b)=(x=-3,\,y=-2)$
그러므로 $a=-3,\,b=-2$가 되고, $a+b=-5$이다.

19. 서로 다른 4개의 놀이기구에서 3개를 골라 순서를 정하여
타는 경우의 수는 연달아 일어나는 사건이므로 곱의 법칙을
이용하여 구하면, $4\times 3\times 2$로 24가지이다.

[다른 풀이]
서로 다른 4개의 놀이기구 중 3개를 골라 타는 순서를 정하는
경우의 수는 4개 중 3개를 선택하여 일렬로 나열하는 경우의
수와 같으므로 $_4\mathrm{P}_3=4\times 3\times 2=24$와 같이 구할 수 있다.

20. 김밥 4종류 중에서 2종류를 선택하고
라면 3종류 중에서 1종류를 선택하면 되므로
$_4\mathrm{C}_2\times{}_3\mathrm{C}_1$임을 알 수 있다.

따라서 $_4\mathrm{C}_2\times{}_3\mathrm{C}_1=\dfrac{4\times 3}{2\times 1}\times\dfrac{3}{1}=18$이다.

1. **해석** 습관은 제2의 천성이다.
해설 habit 습관, second 두 번째의,
nature 본성, 자연, 천성

2. **해석** 나의 어머니는 항상 내 건강을 <u>걱정한다</u>.
해설 be concerned about = be worried about ~을 걱
정하다, health 건강

3. **해석** 나는 당신 제안에 <u>찬성</u>입니다.
해설 in favor of ~을 찬성하는, proposal 제안

4. **해석** ① 도착하다 – 떠나다
② 거짓인 – 사실인
③ 느슨한 – 꽉 끼는
④ 날씬한 – 가는
해설 ④는 동의어 관계이고, 나머지는 반의어 관계이다.

5. **해석** 우유배달 소년 & 소녀
우리는 우유를 배달할 건강한 학생을 찾고 있어요.
• 하루 100집에 5만원
• 월요일부터 금요일까지
해설 연락처는 광고에 나와 있지 않다.
look for 찾다, healthy 건강한, deliver 배달하다

6. **해석** • 직진하고 첫 번째 모퉁이에서 좌회전하세요.
• 네 차례까지 기다려.
해설 go straight 직진하다, turn left 좌회전하다,
your turn 너의 순번, 너의 차례

7. **해석** • 너는 어디에 사니?
• 이곳이 내가 10년 동안 살고 있는 집이야.
해설 장소를 묻는 의문사와 선행사가 장소인 관계부사는
where가 적절하다.

8. **해석** • 난 축구에 관심이 있어.
• 사실, 그것은 매우 쉬워.
해설 be interested in ~에 관심이 있다,
in fact 사실은, soccer 축구

9. **해석** A : 영어 공부를 하기에는 내 나이가 너무 많은 것 같아.
B : 늦어도 안 하는 것보단 나아.
해설 늦더라도 영어 공부를 하라는 조언이다.
It seems that ~인 것 같다,
too A to B 너무 A해서 B할 수 없다

10. **해석** A : 나 새 자전거를 잃어버렸어.
B : 오, 안됐다.
해설 I'm sorry to hear that은 '그런 이야기를 들어 안타깝
다.'는 동정의 표현이다.

11. **해석** A : 주문하시겠어요?
B : 네, 비프 스테이크 주세요.
A : 굽기는 어떻게 해 드릴까요?
B : 완전히 익혀 주세요.
해설 식당이 가장 알맞다.
order 주문, beef steak 소고기 스테이크,
well-done 바싹 구운, 완전히 익힌

12. **해석** 우리 시의 가장 큰 문제 중 하나가 모든 쓰레기를 버리
는(처리하는) 방법이다. 나는 <u>이 문제</u>를 해결할 몇 가
지 방법을 소개하고 싶다.
해설 밑줄 친 문제는 쓰레기 문제를 말한다.
problem 문제, how to ~하는 방법,
throw away 버리다, garbage 쓰레기,
introduce 소개하다, way 방법

13. **해석** A : 너의 집 가는 데 시간이 얼마나 걸려?
B : ③ 20분 정도.
해설 How long으로 시간의 길이를 물었으므로 ③의 대답이
적절하다.

14. **해석** A : 샘, 무슨 일이야?
B : 오른손이 아파.
A : 언제부터?
B : ② 지난주부터.
① 좋은 시간 되세요.
③ 다음에.
④ 그런 이야기 들어서 안타깝다.
해설 언제부터인지 물었으므로 ②로 대답하는 것이 적절하다.
right hand 오른손, hurt 아프다, since ~ 이후로

15. **해석** A : 안녕하세요. 어디가 아프세요?
B : 이가 아파요.
A : 입을 벌려 보세요. 충치가 있군요. 그것을 뽑아
야겠어요.
해설 치과의사가 가장 알맞다.
tooth – teeth 이, 치아, pull out 뽑다

16. **해석** 학생들에게,
알다시피 우리는 여러분들에게 교환학생으로 1년간
외국에서 공부할 수 있는 기회를 제공합니다. 신청서
는 3월 10일까지 마감입니다. 좀 더 자세한 정보를 위
해서는 Future 대학 웹사이트를 방문하세요. 감사합
니다.
해설 교환학생 신청서 마감을 알리는 안내 글이다.
provide 제공하다, opportunity 기회,
abroad 외국에서, exchange student 교환학생,
application 신청서, due 마감인, information 정보

17. [해석] TV는 모두에게 좋은 <u>선생님</u>이다. 몇몇 TV 프로그램은 우리에게 영어를 공부하는 방법, 맛있는 요리를 만드는 방법 등을 가르쳐 줄 수 있다.
④ 선생님
① 우편집배인, ② 경찰관, ③ 학생
[해설] 무엇인가를 가르쳐 줄 수 있는 선생님 역할을 하는 TV에 관한 글이다.
program 프로그램, teach 가르쳐 주다,
delicious 맛있는, dish 요리, 접시,
and so on 기타 등등

18. [해석] 잭과 빌은 친한 친구다. 이번 학기에, 빌은 4개의 다른 동아리에 가입을 했고, 그것은 그를 매우 바쁘게 만든다. 잭은 빌이 산만해 보이고 성적이 떨어지고 있는 것을 알게 된다. 4개의 다른 동아리 활동은 그에게 너무 과하다. 그래서 잭은 빌에게 우선순위를 정하고 동아리 활동을 줄이라고 말할 것이다.
[해설] 잭이 아니라 빌이 동아리 활동으로 바쁘므로 ①이 일치하지 않는다.
semester 학기, join 가입하다, club 동아리, 클럽,
distracted 산만한, grade 성적, suffer 고생하다,
activity 활동, set a priority 우선순위를 정하다,
reduce 줄이다

19. [해석] 나는 영어를 공부하는 자신만의 방법이 있다. 첫째, 가능한 많은 책이나 잡지를 읽으려고 노력한다. 둘째, 영어로 일기를 쓴다. 끝으로, 나는 매일 적어도 10분은 혼자 영어로 말하는 연습을 한다.
[해설] 자신만의 영어 학습 방법을 소개하고 있는 글이다.
magazine 잡지, as ~ as possible 가능한 ~하게,
keep a diary 일기를 쓰다, practice 연습하다,
at least 적어도

20. [해석] 관습(풍습)은 나라마다 <u>다르다</u>. 한국에서, 사람들은 거실에서 신발을 벗는다. 하지만 미국인들에게는 거실에서 신발을 신어도 좋다.
③ 다르다
① 같다, ② 사다, ④ 입다
[해설] 나라마다 관습은 서로 다르다.
custom 관습, 풍습, take off 벗다, wear 신다, 입다

21. [해석] 사과는 미국에서 흔하고 인기 있는 <u>과일</u>이다. 사람들은 사과가 건강에 좋다고 믿고 있다. "하루에 사과 하나면 의사가 필요 없다"고 그들은 말한다.
[해설] 사과는 과일에 해당된다.
apple 사과, common 흔한, popular 인기 있는,
be good for ~에 좋다, health 건강,
keep away 멀리하다

22. [해석] 나는 LA에서 왔고 한국을 사업차 방문 중이다. 난 한국이 좋지만, 항상 좋은 것만 경험한 것은 아니다. 여기에 내가 겪은 불행한 경험 2가지를 설명하고 싶다.
[해설] 마지막에 한국에서 겪은 2가지 불행한 경험에 대해 설명하겠다고 했으니 ①의 내용이 뒤에 오는 것이 가장 알맞다.
visit 방문하다, on business 사업차,
experience 경험(하다), explain 설명하다

23. [해석] 모기는 짜증나는 곤충이다. (여기에 모기물림을 예방할 수 있는 몇 가지 방법이 있다.) 첫째, 약간의 페퍼민트 오일을 피부에 문질러 봐라. 그것은 모기를 쫓는 천연 살충제다. 또한, 선풍기를 이용하라. 모기는 잘 날지 못해서 바람이 그것들을 날려버리는 데 도움을 줄 것이다. 마지막으로, 모기들은 주로 강한 냄새에 끌리므로, 반드시 샤워를 하라.
[해설] 모기물림을 예방할 수 있는 몇 가지 방법이 있다고 한 후, 첫째 방법을 말하는 'First'가 오는 것이 자연스럽다.
prevent 막다, 예방하다, mosquito 모기,
bite 무는 것, 물다, annoying 짜증나는,
insect 곤충, 벌레, rub 문지르다,
peppermint 페퍼민트, skin 피부,
natural 천연의, keep away 쫓아내다,
electric fan 선풍기, bad flier 잘 못 나는 것,
blow away 날려버리다, mainly 주로,
attract 끌다, scent 냄새, 향,
make sure to 반드시 ~하다

24. [해석] 가족을 위한 캠핑장을 찾고 있나요? 그렇다면 도심에서 차로 90분 거리인 Forest Campgrounds가 당신에게 완벽할 것입니다. 만약 당신이 초보자면, 우리는 텐트와 침낭을 포함해서 캠핑에 필요한 모든 것을 당신에게 빌려줄 수 있습니다. <u>게다가</u>, 바비큐 장비에 대해 걱정하지 마세요. 왜냐하면 우리가 그것을 무료로 제공할 것입니다. 우리는 당신의 캠핑 여행을 잊을 수 없게 최선을 다할 것입니다.
① 게다가
② 예를 들면, ③ 그러나, ④ 그러므로
[해설] 캠핑 장비를 제공하고, 게다가 바비큐 장비까지 제공하므로 빈칸에 ①이 적절하다.
be ready for ~할 준비가 되다,
campground 야영지, 캠프장, perfect 완벽한,
beginner 초보자, including ~을 포함해서,
sleeping bag 침낭, barbecue gear 바비큐 장비,
provide 제공하다, for free 무료로,
unforgettable 잊을 수 없는

25. [해석] 자동차 운전 서비스는 제공되지 않는다.

1. 갑은 노인 부양을 사회가 함께 해야 한다는 윤리적 관점이 나타나고, 을은 농촌과 도시의 고령화 인구를 비교하는 공간적 관점이 나타난다.

2. 지구촌 일부에서 심각한 인권 침해가 이어지자 지구촌 구성원 모두의 인권 보장을 위한 국제적 협력을 중시하는 연대권이 등장하였다.

3. 자본주의 사회에서는 시장에서 수요와 공급의 원리에 따라 상품 가격이 결정된다. 국가가 상품 가격을 결정하는 것은 계획 경제 체제의 특징이다.

4. 신자유주의는 정부의 시장 개입으로 비효율이 초래되어 정부의 역할을 제한하고, 사회 보장 제도의 축소를 주장하였다.

5. 채권은 예금보다 안전성이 낮지만 수익성이 높고, 주식보다 수익성이 낮지만 안전성이 높다.

> **오답피하기**
> ① 주식은 주식회사가 발행한 주주의 지분으로 회사의 성과에 따라 배당을 받을 수 있고, 시세 차익을 누릴 수 있어 수익성이 높다.
> ③ 예금에는 요구불 예금과 저축성 예금이 있으며, 안전성과 유동성이 높지만 수익성은 낮다.
> ④ 연금은 노후 생활을 대비하여 미리 저축해 두는 금융 상품으로 일반적으로 은퇴 이후 지급받는다.

6. 안전 관리 제도는 안전권을 보장하기 위한 제도로, 헌법에 명시된 인권 보장을 위한 제도는 아니다.

7. (가) 문화 동화로 기존의 문화 요소가 다른 사회의 문화 요소로 흡수되어 정체성을 상실하는 현상이다.
(나) 문화 융합으로 다른 사회 문화 요소와 기존 문화 요소가 결합하여 새로운 문화 요소가 만들어지는 현상이다.
(다) 문화 병존으로 다른 사회 문화 요소와 기존의 문화 요소가 각각 고유한 문화 특성을 유지하며 공존하는 현상이다.

8. 시민 불복종의 정당화 조건으로 공익성, 공개적, 비폭력, 처벌 감수, 최후의 수단이 있다.
③ 시민 불복종은 자신의 이익 추구가 아니라 사회 정의 실현을 목적으로 해야 한다.

9. 제시된 내용은 적극적 우대 조치에 대한 설명이다. 적극적 우대 조치는 다양한 분야에서 사회적 약자가 소외되거나 차별받지 않도록 한다. 여성 할당제, 장애인 의무 고용 제도가 대표적인 사례이다.

10. (가)는 문화 상대주의, (나)는 자문화 중심주의, (다)는 문화 사대주의이다. 자문화 중심주의는 다른 나라에 자기의 문화를 강제적으로 이식하려는 문화 제국주의가 나타나 국제 분쟁의 원인이 될 수 있다.

11. 외부 효과는 경제 주체가 경제 활동을 하는 과정에서 의도치 않게 타인에게 이익을 주거나 의도치 않게 피해를 입히고도 대가를 치르지 않는 현상이다. 정부는 외부 효과를 개선하기 위해 보조금 지급 또는 벌금을 부과한다.

12. 샐러드 볼 이론은 하나의 샐러드 그릇에 여러 재료를 넣더라도 각 재료 고유의 특성은 살아있듯이 다양한 문화가 각각 정체성을 유지하면서 통합을 이루어야 한다는 정책이다.

13. ㉠은 아리스토텔레스이다. 일반적 정의는 법을 준수하는 것이며, 특수적 정의는 분배적 정의, 교정적 정의, 교환적 정의이다. "당사자들이 동등함에도 동등하지 않은 몫을, 혹은 동등하지 않은 사람들이 동등한 몫을 분배받아 갖게 되면 바로 거기서 싸움과 불평이 생긴다. 그러므로 정의로운 것은 일종의 비례적인 것이다."
㉡은 롤스이다. 모든 사람은 기본적 자유를 최대한 누려야 하며, 최소 수혜자에게 최대의 이익이 되도록 분배가 되어야 한다.

14. 제시된 내용은 한대 기후에 대한 설명이다.
한대 기후는 최난월 평균 기온 10℃ 이하인 지역으로 날고기, 날생선 등의 육류 위주의 섭취를 하며 순록의 유목을 한다.
A – 열대 기후, B – 건조 기후, C – 온대 기후, D – 냉대 기후, E – 한대 기후

15. 제시된 사상가들은 인간 중심주의 사상가들이다. 인간을 다른 자연적 존재들보다 가치 있는 존재로 여기고, 인간과 자연의 관계에서 인간의 이익이나 행복을 먼저 고려하는 관점이다.

16. A는 산업화, 도시화 이전에 높게 나타나는 특징으로 녹지 면적 비율과 생물종 다양성이 들어갈 수 있다.
B는 산업화, 도시화 이후에 나타나는 특징으로 도시 인구 비율, 열대야 발생 일수가 들어갈 수 있다.

17. A는 석탄이며, B는 석유이다.

18. A는 석탄으로 고기 조산대 주변에 주로 매장되어 있고, 제철 공업 및 화력 발전의 연료로 이용된다. 석유보다 수송·이용 면에서 불리하고, 연소 시 대기 오염 물질을 많이 배출한다.

> **오답피하기**
> ①, ④ 석유에 대한 설명이다.
> ③ 천연가스에 대한 설명이다.

19. 제시된 내용은 힌두교이다.
힌두교는 남부아시아 인도에서 발생되었다. 소를 신성시 여기며 갠지스강을 성지로 여긴다.

20. 제시된 내용은 아프리카 문화권에 대한 설명이다.
아프리카 문화권은 사하라 사막 이남 지역에 분포하며, 대부분 열대 기후가 나타난다.

21. 세계화는 교통·통신의 발달과 세계 무역 기구(WTO)의 출범으로 국제 사회의 상호 의존성 증가로 세계가 하나로 통합되는 현상을 말한다.
지역화는 지역의 독특한 사회·문화적 특성이 세계적 가치를 지니게 되는 현상을 말한다. 장소 마케팅, 지리적 표시제 등의 전략을 통해 특정 지역이 세계적인 가치를 가지게 된다.

22. 제시된 내용은 노르웨이 출신 사상가 갈퉁의 주장이다. 전쟁, 테러 등의 직접적 폭력뿐만 아니라 간접적 폭력인 구조적 폭력, 문화적 폭력이 사라진 상태의 적극적 평화를 주장한다.

23. 제시된 국제 사회 행위 주체는 국제 비정부 기구이다. 민간 단체나 개인을 가입 주체로 하여 국제적 연대 활동을 통해 공공의 이익을 실현하고자 한다.

24. 고령화 현상은 65세 이상 인구가 전체 인구에서 차지하는 비율이 높아지는 현상이다. 의학 기술 향상과 저출산 현상으로 고령화 현상이 가속화되어 노동력 부족 문제가 발생하며, 노년 부양비가 증가할 것이다.

25. 중국은 동북공정을 통해 한반도 북부와 만주에서 활동했던 고조선, 고구려, 발해 등의 역사가 모두 중국의 역사라는 왜곡된 주장을 펴고 있다.

| 5교시 | 과학 |

1. 태양광 발전은 태양 빛이 태양 전지에 닿아 흡수되면 표면에 전자가 생겨 전기가 발생하는 광전효과를 이용한다. 태양의 빛에너지가 전기 에너지로 직접 전환되며, 자원 고갈의 염려가 없으므로 무제한으로 이용할 수 있다.

2. 자석을 코일에 넣었다 뺐다 하면 코일을 통과하는 자기장이 변하므로 전자기 유도에 의해 유도 전류가 발생하여 검류계 바늘이 움직인다.
오답피하기
① 전자기 유도는 코일을 통과하는 자기장의 변화가 있어야 하므로 자석과 코일이 움직이지 않을 때는 유도 전류가 흐르지 않아 검류계 바늘이 움직이지 않는다.
③ 자석을 센 자석으로 바꾸면 자기장의 변화가 커지므로 검류계 바늘의 움직임은 커진다.
④ 유도 전류는 자기장의 변화를 방해하는 방향으로 발생하므로 자석을 넣을 때와 뺄 때 유도 전류의 방향이 반대가 되어 검류계 바늘의 움직임도 반대가 된다.

3. 충격량은 운동량의 변화량과 같다. 정지한 물체에 작용한 힘과 물체에 힘이 작용한 시간을 곱한 충격량이 클수록 물체의 운동량 변화도 크다.
① $10 \times 4 = 40$
② $20 \times 2 = 40$
③ $30 \times 5 = 150$
④ $5 \times 10 = 50$

4. 연료 전지는 수소와 산소의 화학 반응에 의해 전기 에너지를 생산하는 장치로 (−)극으로 수소, (+)극으로 산소가 공급된다.

5. ③ 배터리 충전 : 전기 에너지 → 화학 에너지
오답피하기
전기 다리미, 토스터, 전기 주전자는 전기 에너지를 열에너지로 전환한다.

6. 가장 바깥 전자 껍질에 들어있는 전자의 개수는 원자가 속하는 족 번호의 일의 자리 수와 같다. 따라서 A는 1개, B와 D는 17개, C는 2개이다.

7. 페놀프탈레인 용액은 지시약으로 산성과 중성에서 무색, 염기성에서 붉은색을 나타낸다. 따라서 염기성 물질인 $NaOH$ (수산화 나트륨)을 첨가한다.

8. 물질이 산소를 얻거나 전자를 잃으면 산화, 산소를 잃거나 전자를 얻으면 환원이라고 하며, 산화 환원은 동시에 일어난다.
④ 산과 염기가 반응하는 중화 반응의 결과 항상 물이 생성된다.

9. 탄소 화합물의 중심 원소는 탄소(C)로, 그래핀과 풀러렌은 탄소로 이루어진 물질이다.

10. 비활성 기체는 주기율표 18족에 속하는 원소로 안정한 전자 배치를 이루기 때문에 반응성이 작고 화학적으로 안정하다.

11. 산과 염기가 반응하면 산의 수소 이온(H^+)과 염기의 수산화 이온(OH^-)이 만나 항상 물을 생성한다.

12. RNA의 구성 염기는 A, U, G, C가 있다. DNA에 T 대신 RNA에는 U가 있어 전사가 일어날 때 DNA의 A에 상보적으로 U가 배치된다.

13. 공유 전자쌍이란 두 원자에 공유되어 결합에 참여하는 전자 쌍으로 물 분자는 총 2개의 전자쌍을 공유한다.

> **오답피하기**
> ① 총 공유 전자쌍 : 1개
> ③ 총 공유 전자쌍 : 3개
> ④ 이온 결합으로 전자쌍을 공유하지 않는다.

14. 태양 에너지는 지구 시스템의 에너지원 중 가장 많은 양을 차지한다. 기상 현상, 대기 대순환, 풍화 침식 등은 모두 태양 에너지와 관련된다. 태양 에너지는 지구 생명체의 근원 에너지이다.

15. 암모나이트, 공룡, 시조새는 중생대의 표준화석이다.

16. 지구 온난화는 기권의 온도가 높아지는 현상으로, 생물권에 속하는 생태계에 영향을 주게 되므로 생물권과 기권이 해당한다.

17. 대륙판과 대륙판이 가까워지는 수렴형 경계 중 충돌형 경계로 습곡 산맥과 지진이 나타난다.
③ 변환 단층은 판과 판이 어긋나는 보존형 경계에서 나타나는 지형이다.

18. A : 대류권, B : 성층권, C : 중간권, D : 열권
높이가 높아질수록 기온이 낮아지고 대류 현상이 나타나는 구간은 A, C이나, 이 중 수증기가 존재하여 기상 현상이 나타나는 구간은 A이다.

19. 식물성 플랑크톤은 스스로 양분을 합성할 수 있는 독립 영양 생물로 생산자에 속한다.

20. 빅뱅(대폭발) 우주론의 증거는 우주 배경 복사, 우주에 존재하는 수소와 헬륨의 질량비가 있다.

> **오답피하기**
> ②, ④ 빅뱅 우주론에서는 우주가 팽창하는 동안 새로운 물질 생성은 없으므로 질량은 일정하고, 밀도는 감소하며 온도는 낮아진다고 설명한다.

21. 1차 코일의 전압과 2차 코일의 전압은 1차 코일과 2차 코일의 감은 수에 비례한다. 따라서 2차 코일의 감은 수가 1차 코일의 감은 수의 0.2배이므로 전압도 0.2배이다.
$400V \times 0.2 = 80V$

22. 열기관은 열에너지를 일로 전환시키는 장치로 열기관의 열효율은 $\dfrac{\text{열기관이 하는 일}(W)}{\text{열기관에 공급되는 에너지}(Q_1)}$ 이다. 100J의 에너지가 공급되었고 열효율이 0.1이므로 열기관이 한 일은 10J이 된다.

23. 확산은 입자가 스스로 운동하여 농도가 높은 곳에서 낮은 곳으로 퍼져 나가는 현상으로, 세포막을 통한 확산은 인지질 2중층과 막단백질을 통해 일어난다.

24. 유전적 다양성이란 같은 생물 종이라도 서로 다른 유전자를 가지고 있어 다양한 형질이 나타나는 것을 의미한다. 유전적 다양성이 높을수록 급격한 환경 변화에 살아남을 가능성이 높다.

25. 질량이 태양 정도인 별은 주계열성 → 적색 거성 → 행성상 성운, 백색왜성의 진화 단계를 거친다. 따라서 질량이 태양 정도인 별의 내부에서는 탄소, 헬륨, 산소는 생성되지만 우라늄과 같은 무거운 원소는 생성되지 않는다. 우라늄은 질량이 태양보다 10배 이상 큰 별의 진화 단계 중 초신성 폭발을 통해 생성된다.

1. 제시된 유물은 신석기 시대의 것으로, 이 시기에는 최초로 농경과 목축이 시작되었으며, 간석기를 사용하였고, 애니미즘·토테미즘과 같은 원시 신앙이 등장하였다.
④ 청동기 시대에 계급이 형성되었다.

2. 제시된 유물은 고조선 시대에 제작되었다. 고조선은 청동기 문화를 바탕으로 등장하였기 때문에 비파형 동검을 사용하였다.

오답피하기
② 백제가 왜에 전해준 유물로는 칠지도가 대표적이다.
③ 발해는 고구려 문화를 계승한 굴식 돌방무덤, 온돌, 치미, 석등, 이불병좌상 등을 제작하였다.
④ 왜란 때 조선의 성리학자와 도공이 일본에 끌려갔다.

3. ③ 고려는 유학 교육을 위해 국자감과 향교를 설립하였다.

오답피하기
태학은 고구려 소수림왕 때 설립했으며, 성균관은 조선 최고의 유학 교육 기관이고, 서당은 조선의 초등 교육 기관이다.

4. 제시문은 서희가 거란족의 침입에 맞서 외교 협상을 벌이는 상황을 담고 있다. 서희는 고려가 고구려를 계승했으며, 압록강 일대만 확보하면 육로를 통해 거란과 교류하겠다고 약속했다. 이러한 노력 덕분에 거란과의 전쟁을 피할 수 있었음은 물론이고, 압록강 지역의 강동 6주를 획득할 수 있었다.

오답피하기
① 삼별초는 몽골의 침입에 맞서 끝까지 항전하였다.
③ 인조와 서인의 친명배금 정책으로 인해 정묘호란이 일어났다.
④ 을지문덕은 살수에서 수나라의 별동대를 격퇴하였다.

5. 3사는 사헌부, 사간원, 홍문관으로, 이들 조직은 특정 인사나 권력의 독단적 결정을 막는 역할을 담당했다.

오답피하기
② 의정부는 조선 최고의 정치 기구로 3정승의 합의로 운영되었다.
③ 의금부는 반란 사건 등을 담당하는 사법 기관이다.
④ 춘추관은 실록 편찬을 담당하였다.

6. 연산군을 몰아내고 즉위한 중종은 조광조를 등용하였다. 조광조는 현량과 실시, 소격서 폐지, 향약 보급 등 급진적인 개혁을 추진했다, 위훈삭제로 훈구파와 갈등을 빚어 기묘사화로 숙청되었다.

오답피하기
ㄴ. 고려 성종 때 최승로는 시무 28조의 개혁안을 제시하였다.
ㄹ. 정도전에 해당한다.

7. 제시문은 제너럴 셔먼호 사건과 이를 계기로 일어난 신미양요에 해당한다. 당시 집권자였던 흥선 대원군은 신미양요 직후 척화비를 전국적으로 건립하였다.

오답피하기
② 정유재란 때 이순신의 활약에 해당한다.
③ 병자호란과 관련 있다.
④ 흥선 대원군 시기의 병인양요로, 프랑스는 강화도에 있던 외규장각을 약탈했다.

8. 강화도 조약은 "치외 법권, 해안 측량권" 등의 불평등한 내용을 담고 있다.

오답피하기
①은 1905년의 을사늑약, ③은 1907년의 고종 퇴위 사건, ④는 1910년 국권 침탈에 해당한다.

9. 개화 과정에서 별기군이 조직되자 기존 군인들은 장기간 월급이 밀렸다. 이들은 민씨 정권에 항의하며 임오군란을 일으켰으나, 청군의 개입으로 1달여 만에 종료되었다.

오답피하기
② 갑신정변은 급진 개화파(김옥균, 박영효)가 일본의 힘을 빌려 근대 국가 수립을 시도한 사건이다.

10. 동학 농민군은 전주 화약 이후 전라도 일대를 장악하며 자치적인 개혁을 추진했다. 이를 위해 집강소를 40여 곳에 설치하였다.

오답피하기
② 비변사는 중종 때 설치한 임시 군사 조직이었으나, 왜란을 거치며 국정을 총괄하는 최고 기구로 확장되었다.
③ 군국기무처는 1차 갑오개혁을 추진했던 임시 기구이다.
④ 19세기 삼정의 문란으로 임술 농민 봉기가 전국에서 일어나자, 조선 정부는 삼정 개혁을 위해 삼정이정청을 설치하였다.

11. 제시문은 대한 제국이 추진한 광무개혁에 해당한다. 따라서 대한 제국 수립 이후인 (라)에 해당한다.

오답피하기
갑오개혁과 을미개혁은 1894년, 1895년에 추진되었으므로, (다) 시기에 해당한다.

12. 안창호, 양기탁, 이회영 등이 주도한 신민회는 국내에서 대성 학교, 오산 학교를 설립했으며, 만주 삼원보에는 신흥 학교를 운영하였다. 이를 통해 수많은 인재를 양성하였다.

오답피하기
①은 대한민국 임시 정부, ③은 독립 협회의 관민 공동회, ④는 보안회의 활동이다.

13. 대한 제국은 1900년에 칙령 제41호를 반포하여, 울릉군으로 하여금 독도를 관리하게 하였다.

오답피하기
① 숙종 때 조선과 청의 관리가 간도 지역을 둘러보고 백두산 정계비를 세웠다.
② 신라 진흥왕은 한강 하류를 장악한 후 북한산 순수비를 세웠다.

③ 장수왕은 아버지 광개토 대왕의 업적과 고구려 역사를 광
개토 대왕릉비에 기록하였다.

14. (가) 시기에 일제는 헌병 경찰 제도, 토지 조사 사업, 회사령
등을 실시했다.

> **오답피하기**
> ㄱ. 일제는 1937년 중일 전쟁을 일으킨 이후로, 조선을 군사
> 물자 공급과 전쟁 인력 충당의 목적으로 약탈하였다. 전
> 쟁 막바지에는 금속을 공출하고, 식량을 배급하였다.
> ㄴ. 일제는 1930년대 이후 민족 말살 정책을 실시하며 일본식
> 이름으로의 개명, 황국 신민 서사 암송 등을 강요했다.

15. 대한민국 임시 정부의 초대 대통령은 이승만이며, 김구는
1940년부터 주석을 맡았다.

16. 제시된 사진은 문맹 퇴치와 민중 계몽을 추구한 브나로드 운
동이다.

> **오답피하기**
> ① 물산 장려 운동은 국산품 애용을 통한 민족 자본 육성을
> 시도하였다.
> ② 소작 쟁의는 농민(소작농)이 주도하였다.
> ④ 신간회는 광주 학생 항일 운동에 진상 조사단을 파견하였다.

17. 1920년대 중반부터 독립이 아닌 자치를 주장하는 세력들이
등장하였다. 이로 인해 독립운동 세력이 분열될 조짐을 보이
자, 비타협적 민족주의 세력과 사회주의 세력이 연대하여 신
간회를 조직하였다. 제시문은 신간회의 강령이다.

18. 김좌진은 1920년 가을 청산리에서 일본군 2만여 명을 상대
로 대승을 거두었다. 이를 청산리 대첩이라 부른다.

> **오답피하기**
> ③ 안중근은 1909년 하얼빈에서 이토 히로부미(을사늑약을
> 강요한 인물)를 사살하였다.
> ④ 여운형은 1945년 8월 15일 조선 건국 준비 위원회를 조직
> 하여 국내 치안을 안정시키는 데 기여하였으며, 1946~
> 1947년에는 좌우 합작 운동을 이끌었다.

19. 김원봉의 조선 의용대는 중국 본토에서 조직된 최초의 한국
인 부대이다. 1940년대 초반 조선 의용대는 두 세력으로 나
뉘었고, 김원봉은 일부를 이끌고 대한민국 임시 정부의 한국
광복군에 합류하였다.

> **오답피하기**
> 한국 독립군은 1930년대 초 만주에서 지청천이 이끌었던 독
> 립군 부대로, 쌍성보 전투와 사도하자 전투 등지에서 승리를
> 거두었다.

20. 제시문은 김구가 남북 협상에 나서면서 국민에게 발표한 글
로, 김구와 김규식은 1948년 5월로 예정된 남한 단독 선거를
반대하였다. 남북한 통일 정부 수립을 위한 염원을 담고 있다.

> **오답피하기**
> ①은 신돌석, ②는 이승만, ④는 여운형이다.

21. 이승만 정부는 지주제를 폐지하고 자영농을 육성하기 위해
농지 개혁을 추진하였다. 유상 매수, 유상 분배를 원칙으로
삼아, 3정보 이상의 땅을 보유한 경우 정부가 이를 사서 소
작농에게 되파는 방식으로 진행되었다.

> **오답피하기**
> ② 북한 토지 개혁은 '무상 몰수, 무상 분배'의 원칙으로 진행
> 되었다.
> ④ 친일파 청산을 위해 '반민족 행위 처벌법'을 제정하였다.

22. 전쟁 초반 서울이 함락되고 낙동강 유역까지 후퇴했지만, 유
엔군과 국군의 인천 상륙 작전으로 3개월 만에 서울을 수복
하였다.

> **오답피하기**
> ① 애치슨 선언은 전쟁 직전인 1950년 1월에 발표되었다.
> ② 중국군의 대규모 파병으로 인해 압록강 유역까지 진격했
> 던 국군은 후퇴하였다. 1951년 1월 4일에는 서울을 다시
> 빼앗겼다.
> ④ 1972년 박정희 정부는 북한과 최초로 통일 3대 원칙에 합
> 의하였다. 이를 7·4 남북 공동 선언에 수록하였다.

23. 이승만 정부는 1960년 3·15 부정 선거를 저질렀다. 이에 분
노한 시민과 학생들이 4·19 혁명을 일으켜 이승만 정부를
퇴진시켰다. 박정희는 1961년 5·16 군사 정변을 통해 집권
하였다.

24. 4·19 혁명 직후 개헌을 통해 대통령제를 폐지하고 내각 책
임제를 수립하였다. 이에 따라 국회의원 선거에서 1위를 차
지한 민주당이 장면을 총리로 선출하고 내각을 조직하였다.

> **오답피하기**
> ② 대한 제국은 '대한국 국제'를 통해 전제 정치를 강화하였다.

25. 제시문은 1987년에 발표된 6·29 민주화 선언이다. 당시 시
민들은 전두환 정부에게 대통령 직선제를 요구하였으나 거
절당했다. 학생 운동에 참여했던 박종철, 이한열 등이 사망
하자 시민들은 6월 민주 항쟁을 일으켜 개헌 약속을 이끌어
냈다.

> **오답피하기**
> ① 신탁 통치안은 1945년 12월에 논의되었다.
> ② 전두환과 신군부는 박정희가 피살되자 1979년에 12·12
> 사태를 일으켜 정권을 차지하였다.

1. 분석 윤리학(메타 윤리학)에서는 '선', '악', '옳음', '그름' 등과 같은 도덕적 언어의 의미를 명확하게 설명하는 것이 진정한 윤리학적 쟁점이라고 본다.

2. 공리주의의 유용성의 원리는 행위의 결과가 모든 사람의 쾌락이나 행복을 증가 또는 감소시키는 정도에 따라 어떤 행위를 승인하거나 부인하는 원리이다.

3. 덕 윤리에서는 의무론과 공리주의가 특정한 도덕 원리나 규칙을 근거로 행위 자체를 평가하는 것을 비판한다. 어떤 행위자가 그릇된 행위를 했다고 하더라도 그 행위자는 그릇된 사람이 아닐 수 있으므로 행위 자체가 아니라 행위자의 성품을 평가해야 한다고 보는 것이다.

4. 유교에 따르면, 이상적 인간이 되기 위해 효제(孝悌)와 충서(忠恕)를 실천하고 성현의 말씀을 배워 선악(善惡)에 관한 분별적 지혜를 기르고 자신의 욕망이나 감정을 잘 다스리는 수양을 해야 한다고 강조한다.

5. ㉠은 폭력은 타인의 인권을 침해하는 행위로 더 포괄적으로 바라보고 있기 때문에 "폭력은 옳지 않다."라는 도덕 판단의 도덕 원리로 사용되고 있다.
　㉡ 사실 판단
　㉢ 도덕 판단

6. 윤리적 성찰은 윤리적 모순이 없는 의식을 지니고 일관된 윤리적 실천을 하여 더욱 발전된 모습으로 살아갈 수 있게 돕는다.

7. ①, ②, ④는 인공 임신 중절에 대한 여성의 선택권을 옹호하는 입장으로 임공 임신 중절을 허용할 수 있다는 입장이다.

8. 타 종교에 대해 배타적인 자세를 취하는 것은 종교 갈등이 발생하는 원인 중에 하나로 바르지 못한 태도이다.

9. 프롬은 사랑의 기본 요소로 보호, 존경, 이해, 책임을 제시하였다.

10. 제시문은 성과 사랑의 관계의 입장 중 중도주의적 입장에 대한 설명이다.

11. 환경적으로 건전하고 지속 가능한 발전은 현 세대의 욕구를 만족시키면서 미래 세대의 욕구를 침해하지 않고 균형감 있게 개발하는 것을 말한다.

12. 지적 창작물은 창작자가 배타적, 독점적 권리를 갖게 된다. 제시문은 영화 파일의 불법 공유로 저작권이 침해되어 손해를 보았다는 내용이다.

13. 제시문은 도덕적 판단의 대상을 인간뿐만 아니라 고통을 느끼는 동물에게까지 확대해야 한다는 동물 중심주의의 싱어에 대한 설명이다.

14. 불공정한 분배는 사회적 갈등을 유발해 공동체 발전을 저해할 수 있다.

15. 임산부, 장애인과 같이 불리한 위치에 있는 사람(최소 수혜자)에게 최대 이익이 가도록 하는 것은 차등의 원칙에 해당한다.

16. 제시문은 법의 부당함을 공개적으로 알리기 위해 법을 따르지 않는 것을 말한다. 이는 시민 불복종에 해당한다.

17. 제시문은 공자가 주장한 정명 사상에 대한 설명이다.

18. 제시문은 견리사의(見利思義)의 자세, 사익보다 공익을 중시하는 자세인 청렴의 자세에 대한 설명이다.

19. 사회 윤리는 문제의 원인과 해결을 사회 구조와 제도에서 찾는다. 개인의 양심을 강조하는 것은 개인 윤리이다.

20. 배려 윤리는 이성보다 감정을 우위에 두며, 사랑과 자비, 배려와 공감 등을 중시한다. 또한 도덕 원리에 따른 판단보다는 특수한 상황과 맥락, 인간관계, 타인과의 유대감, 타인에 대한 책임 등을 중시한다.

21. 사형 제도의 반대 논거
　① 인도주의
　② 정치적 악용
　③ 오판 가능성
　사형 제도의 찬성 논거
　④ 사회 방위론

22. 국수 대접 이론(문화 다원주의)에서 주류 문화는 국수와 국물처럼 중심 역할을 하고, 이주민의 문화는 색다른 맛을 더해주는 고명이 되어 자신의 문화적 정체성을 유지하면서 조화를 이루며 공존한다.

23. 하버마스는 서로 다른 의견과 갈등, 폭력 등을 극복하기 위해 합리적 의사소통을 위한 담론 윤리를 주장하였고 이상적 대화 상황의 조건으로 이해 가능성, 정당성, 진리성, 진실성을 제시하였다.

24. ㄱ. 원조에 대한 공리주의적 관점이다. (싱어)
　ㄴ. 원조는 자선 활동의 하나일 뿐이다. (노직)
　ㄷ. 원조를 의무의 관점에서 접근해야 한다. (롤스, 싱어)
　ㄹ. 빈곤국일지라도 질서 정연하다면 원조를 할 필요가 없다. (롤스)

25. 인간 중심주의는 오직 인간만이 이성을 지닌 존재라는 점에서 도덕적 지위를 지닌다는 입장이다.
　• 인간과 동물의 이익을 평등하게 고려해야 한다(동물 중심주의).
　• 생명을 가진 모든 존재를 목적으로 고려해야 한다(생명 중심주의).

고졸 검정고시

모의고사

검정고시 합격의 **기준**을 만듭니다

G 검스타트 www.**gumstart**.co.kr ☎ 1644-7590

신지원

검정고시
2회 모의고사

EBS검정고시 집필진 출제

성명		수험번호					

- 답안지의 해당란에 성명과 과목명, 수험번호를 정확히 기재하세요.
- 이 시험지는 1교시 국어, 2교시 수학, 3교시 영어, 4교시 사회, 5교시 과학, 6교시 한국사, 7교시 도덕(선택 과목)으로 구성되어 있습니다.

구분	과목	시험시간
1교시	국어	09 : 00~09 : 40(40분)
2교시	수학	10 : 00~10 : 40(40분)
3교시	영어	11 : 00~11 : 40(40분)
4교시	사회	12 : 00~12 : 30(30분)
중식(12 : 30~13 : 30)		
5교시	과학	13 : 40~14 : 10(30분)
6교시	한국사	14 : 30~15 : 00(30분)
7교시	도덕(선택 과목)	15 : 20~15 : 50(30분)

※ 이 시험지는 고등학교 졸업학력 검정고시를 대비하기 위한 실전용 모의고사입니다. 실제 시험 방식과는 다소 차이가 있을 수 있습니다.

제 ① 교시　국 어

1. 다음 대화에서 '연호'가 ㉠과 같은 반응을 보인 이유로 적절하지 <u>않은</u> 것은?

> 명찬 : 연호야, 오늘 나 대신 교실 청소 좀 해 줘.
> 연호 : 음, 나 오늘 옆 반 애들이랑 축구 시합을 하기로 했는데……. 왜? 너 무슨 일 있어?
> 명찬 : 그냥 좀 바빠서 그래. 쩨쩨하게 굴지 말고 좀 해 줘.
> 연호 : ㉠<u>야. 너는 부탁하는 애가 뭐 그러냐?</u>

① '연호'를 비난하고 있기 때문이다.
② '연호'가 부담을 느끼고 있기 때문이다.
③ '연호'의 처지를 고려하지 않고 있기 때문이다.
④ 부탁의 이유를 구체적으로 제시했기 때문이다.

2. 〈보기〉에 대한 설명으로 적절한 것은?

> ───〈보기〉───
> 평화

① 'ㅇ' 소리는 없다.
② 모음은 단모음만 있다.
③ 자음은 입술소리만 있다.
④ 자음은 '파열음', '마찰음', '비음'이 있다.

3. ㉠, ㉡에 대한 설명으로 적절한 것은?

> ㉠ 아버지는 할머니께 진지를 차려 드리셨다.
> ㉡ 할아버지는 책을 읽고 계셨다.

① ㉠에는 문장의 주어를 높이는 주체 높임이 나타난다.
② ㉠에는 문장의 목적어를 높이는 객체 높임이 나타난다.
③ ㉠과 ㉡은 모두 특수한 어휘를 통해 주체 높임을 실현하고 있다.
④ ㉡은 '있다'의 높임 표현을 사용하여 주체를 간접적으로 높이고 있다.

4. 다음에서 밑줄 친 단어의 품사가 바르게 연결된 것은?

> <u>구름같이</u> 흰 솜사탕을 친구와 <u>같이</u> 먹었다.
> 　㉠　　　　　　　　　　　㉡

	㉠	㉡		㉠	㉡
①	조사	부사	②	부사	조사
③	관형사	조사	④	동사	관형사

5. 문장의 짜임이 나머지와 <u>다른</u> 것은?

① 아이가 작은 침대에서 쌕쌕 잔다.
② 아이들이 운동장에서 마음껏 뛰놀았다.
③ 나는 밤이 깊도록 돌이와 놀았습니다.
④ 절약은 부자를 만드나 절제는 사람을 만든다.

6. 다음 중 ㉠에 들어갈 말로 적절하지 <u>않은</u> 것은?

> 　제가 친구에게 잘못한 일이 있어 사과했는데 친구는 오히려 화를 내더라고요. 친구가 화낸 이유가 무엇일까요? 저는 이렇게 말했어요.
> 　"어제 나 때문에 기다렸다고? 미안하다. 근데 나도 사정이 있었어. 갑자기 중요한 약속이 생겼었거든. (부루퉁한 어조로) 조장인 네가 모임 전에 한 번 더 연락해 줬으면 좋았을 텐데. 어쨌든 미안."

> #0000 문자 메시지 전송
> 사연의 주인공에게 보냅니다. 저는 (㉠)이라고 생각합니다. 친구분과 다시 화해할 수 있기를 바라요.

① 상대방을 탓하는 말을 했기 때문
② 억지로 사과하는 듯한 인상을 주기 때문
③ 잘못을 회피하려 한다는 인상을 주기 때문
④ 적절하지 않은 비언어적 표현을 사용했기 때문

7. 다음 글에서 밑줄 친 ㉠~㉣을 고쳐 쓰기 위한 계획으로
   적절하지 <u>않은</u> 것은?

모두가 행복해지는 공정 여행

생각만으로도 우리를 설레게 하는 여행! ㉠ ^▽^ 그
런데 우리가 이제껏 해 온 편안하고 즐거운 여행에 과
연 문제는 없을까? 대형 호텔이나 콘도에 묵으며 유명
관광지를 둘러보는 여행을 하면 여행의 수익 대부분이
여행 업체에 돌아갈 뿐 여행지의 주민에게는 거의 돌
아가지 ㉡ 않아요. 더구나 여행 과정에서 나오는 쓰레
기와 탄소는 자연을 훼손하고 지구 온난화에 영향을
미친다. 이러한 문제의식에서 나온 새로운 방식의 여
행이 바로 공정 여행이다.

공정 여행은 여행지의 주민을 존중하고 환경을 보호
하며 지역 경제를 활성화하자는 취지의 여행으로, '착
한 여행', '녹색 관광'으로 불리기도 한다. 공정 여행은
다소 느리고 불편할 수 있지만, 여행자는 뜻깊은 체험
을 할 수 있고 여행지 주민에게는 유익함을 가져다준다.
㉢ 공정 여행을 실천하려면 어떻게 해야 할까? 지역
경제에 도움이 되는 소비를 해야 한다. 지역 주민이 운
영하는 작은 규모의 숙박 시설이나 민박을 이용하고,
지역 특산물을 재료로 하여 지역 주민이 직접 만든 음
식으로 식사하고, 지역 재래시장에서 그 지역의 상품을
구매하는 것이 좋다. ㉣ 여행자의 소비가 지역 주민의
소득으로 이어져 여행지의 지역 경제에 도움을 줄 수
있다. 지역 주민과 정을 나누고 여행지의 문화에 대해
더 잘 이해할 수 있다.

① ㉠ : 그림말은 격식을 갖추는 글에 적절하지 않으므
   로 삭제해야겠어.
② ㉡ : 다른 문장들과 일관된 종결 표현을 사용해야
   하므로 '않는다'로 고쳐 써야겠어.
③ ㉢ : 의문형 어미를 사용하여 독자의 주의를 환기하
   고 있으므로 그대로 두는 게 좋겠어.
④ ㉣ : 앞 문장과의 연결을 자연스럽게 하기 위해 문
   장의 맨 앞에 접속어 '그리고'를 넣는 게 좋겠어.

8. 다음을 바탕으로 글쓰기 계획 단계에 대한 설명으로 적
   절하지 <u>않은</u> 것은?

나는 이번에 우리 중학교 친구들에게 지구 온난화
의 문제에 대한 내 의견을 주장하고 싶어. 친구들이
이해하기 쉽게 북극곰의 예를 들어 글을 전개하는 건
어떨까? 북극곰이 설 자리가 없다는 것을 알려 주면
서 지구 온난화의 심각성에 대해 말해야지. 이 글을
학교 홈페이지 게시판에 싣는 것이 좋겠어.

① 글의 독자는 우리 중학교 친구들이다.
② 글의 종류는 정보를 전달하는 글이다.
③ 글의 주제는 지구 온난화의 심각성이다.
④ 글을 싣게 될 매체는 학교 홈페이지 게시판이다.

[9~11] 다음 글을 읽고 물음에 답하시오.

나는 이제 너에게도 슬픔을 주겠다.
<u>사랑보다 소중한 슬픔을 주겠다.</u>
겨울밤 거리에서 귤 몇 개 놓고
살아온 추위와 떨고 있는 할머니에게
귤값을 깎으면서 기뻐하던 너를 위하여
나는 슬픔의 평등한 얼굴을 보여 주겠다.
내가 어둠 속에서 너를 부를 때
단 한 번도 평등하게 웃어 주질 않은
가마니에 덮인 동사자가 다시 얼어 죽을 때
가마니 한 장조차 덮어 주지 않은
무관심한 너의 사랑을 위해
흘릴 줄 모르는 너의 눈물을 위해
나는 이제 너에게도 기다림을 주겠다.
이 세상에 내리던 함박눈을 멈추겠다.
보리밭에 내리던 봄눈들을 데리고
추워 떠는 사람들의 슬픔에게 다녀와서
눈 그친 눈길을 너와 함께 걷겠다.
슬픔의 힘에 대한 이야기를 하며
기다림의 슬픔까지 걸어가겠다.

– 정호승, 「슬픔이 기쁨에게」 –

9. 윗글의 표현상의 특징에 대한 설명으로 가장 적절한 것은?
   ① 동일한 어미의 반복을 통해 화자의 의지를 강조하고
      있다.
   ② 일관적인 3음보의 운율을 통해 안정적인 구조를 보
      여 주고 있다.
   ③ 화자가 독자에게 이야기를 건네는 방식으로 시를 전
      개하고 있다.
   ④ 부정적 의미의 시어가 지배적 시상을 형성하고 있다.

10. 윗글의 밑줄 친 부분에 사용된 표현 방법이 드러나지 <u>않은</u> 것은?

① 밤에 홀로 유리를 닦는 것은 / 외로운 황홀한 심사 이어니,

② 아아, 님은 갔지마는 나는 님을 보내지 아니하였습니다.

③ 두 볼에 흐르는 빛이 / 정작으로 고와서 서러워라.

④ 나 보기가 역겨워 / 가실 때에는 / 죽어도 아니 눈물 흘리우리다.

11. 윗글을 읽은 독자의 반응으로 적절하지 <u>않은</u> 것은?

① 과거의 게으름에 대해 반성하고, 앞으로 최선을 다해 살기로 다짐했어.

② 화자가 말하는 너에 나 자신도 포함되는 것 같아 뜨끔했어.

③ '-겠다'라는 종결 어미의 반복에서 화자의 강인한 의지가 느껴졌어.

④ '눈 그친 눈길'이 평등과 희망의 길을 상징하는 것 같아 나도 함께 하고 싶어졌어.

[12~14] 다음 글을 읽고 물음에 답하시오.

(가) "장인님! 인젠 저⋯⋯."

내가 이렇게 뒤통수를 긁고, 나이가 찼으니 성례를 시켜 줘야 하지 않겠느냐고 하면, 그 대답은 늘,

"이 자식아! 성례구 뭐구 미처 자라야지!"

하고 만다.

이 자라야 한다는 것은 내가 아니라 장차 내 안해가 될 점순이의 키 말이다.

내가 여기에 와서 돈 한 푼 안 받고 일하기를 삼 년 하고 꼬박이 일곱 달 동안을 했다. 그런데 미처 못 자랐다니까 이 키는 언제야 자라는 겐지 짜장 영문 모른다. 일을 좀 더 잘 해야 한다든지, 혹은 밥을 (많이 먹는다고 노상 걱정이니까) 좀 덜 먹어야 한다든지 하면 나도 얼마든지 할 말이 많다. 허지만, 점순이가 안죽 어리니까 더 자라야 한다는 여기에는 어째 볼 수 없이 고만 벙벙하고 만다.

(나) 실토이지 나는 점순이가 아츰상을 가지고 나올 때까지는 오늘은 또 얼마나 밥을 담았나 하고 이것만 생각했다. 상에는 된장찌개하고 간장 한 종지, 조밥 한 그릇, 그리고 밥보다 더 수북하게 담은 산나물이 한 대접, 이렇다. 나물은 점순이가 틈틈이 해 오니까 두 대접이고 네 대접이고 멋대루 먹어도 좋나, 밥은 장인님이 한 사발 외엔 더 주지 말라고 해서 안 된다. 그런데 점순이가 그 상을 내 앞에 나려놓으며 제 말로 지껄이는 소리가,

"구장님한테 갔다 그냥 온담 그래!"

하고 엊그제 산에서와 같이 되우 종알거린다. 딴은 내가 더 단단히 덤비지 않고 만 것이 좀 어리석었다. 속으로 그랬다. 나도 저쪽 벽을 향하야 외면하면서 내 말로,

"안 된다는 걸 그럼 어떻건담!"

하니까,

"쉼을 잡아채지 그냥 뒤, 이 바보야!"

하고 또 얼굴이 빨개지면서 성을 내며 안으로 샐죽하니 튀들어가지 않느냐. 이때 아무도 본 사람이 없었게 망정이지, 보았다면 내 얼굴이 에미 잃은 황새 새끼처럼 가여웁다 했을 것이다.

(다) 한번은 장인님이 헐떡헐떡 기어서 올라오드니 내 바지가랭이를 요렇게 노리고서 담박 웅켜잡고 매달렸다. 악, 소리를 치고 나는 그만 세상이 다 팽그르 도는 것이,

"빙장님! 빙장님! 빙장님!"

"이 자식! 잡아먹어라, 잡아먹어!"

"아! 아! 할아버지! 살려 줍쇼, 할아버지!"

하고 두 팔을 허둥지둥 내절 적에는 이마에 진땀이 쭉 내솟고 인젠 참으로 죽나 보다 했다. 그래두 장인님은 놓질 않드니 내가 기어이 땅바닥에 쓰러져서 거진 까무러치게 되니까 놓는다. 더럽다, 더럽다. 이게 장인님인가? 나는 한참을 못 일어나고 쩔쩔맸다. 그러나 얼굴을 드니(눈에 참 아무것도 보이지 않았다.) 사지가 부르르 떨리면서 나도 엉금엉금 기어가 장인님의 바지가랭이를 꽉 웅키고 잡아나꿨다.

(라) "아! 아! 이놈아! 놔라, 놔, 놔⋯⋯."

장인님은 헷손질을 하며 솔개미에 챈 닭의 소리를 연해 질렀다. 놓긴 왜, 이왕이면 호되게 혼을 내 주리라 생각하고 짓궂이 더 댕겼다마는, 장인님이 땅에 쓰러져서 눈에 눈물이 피잉 도는 것을 알고 좀 겁도 났다.

"할아버지! 놔라, 놔, 놔, 놔, 놔놔."

그래도 안 되니까,

"애, 점순아! 점순아!"

이 악장에 안에 있었든 장모님과 점순이가 헐레벌떡하고 단숨에 뛰어나왔다.

나의 생각에 장모님은 제 남편이니까 역성을 할는지도 모른다. 그러나 점순이는 내 편을 들어서 속으로 고수해서 하겠지⋯⋯. 대체 이게 웬 속인지(지금까지도 난 영문을 모른다.), 아버질 혼내 주기는 제가 내래

놓고 이제 와서는 달겨들며

"에그머니! 이 망할 게 아버지 죽이네!"

하고 내 귀를 뒤로 잡어댕기며 마냥 우는 것이 아니
냐. 그만 여기에 기운이 탁 꺾이어 나는 얼빠진 등신
이 되고 말았다. 장모님도 덤벼들어 한쪽 귀마저 뒤로
잡아채면서 또 우는 것이다.

이렇게 꼼짝 못하게 해 놓고 장인님은 지게막대기를
들어서 사뭇 나려조겼다. 그러나 나는 구태여 피할랴
지도 않고 암만해도 그 속 알 수 없는 점순이의 얼굴
만 멀거니 들여다보았다.

"이 자식! 장인 입에서 할아버지 소리가 나오도록 해?"

– 김유정, 「봄봄」 –

12. 윗글에 대한 설명으로 가장 알맞지 <u>않은</u> 것은?

① 전지적 작가 시점이다.

② 주인공 '나'는 어리숙한 성격이다.

③ 장인은 거칠며 금전적으로 인색한 인물이다.

④ 토속어를 사용하여 향토적인 느낌을 내고 있다.

13. 윗글에 드러난 갈등의 구조를 아래와 같이 도식화했을
때, (가)와 (나)에 들어갈 말로 가장 알맞은 것은?

	갈등의 원인	갈등을 해결 못하는 표면적 이유
	㉠	㉡

	㉠	㉡
①	성례	성격 차이
②	성례	성례 비용
③	성례	점순이의 키
④	노동 임금	가난한 장인의 처지

14. 윗글의 주제로 가장 적절한 것은?

① 일제 강점기 농촌 사람들의 고단한 삶

② 데릴사위와 점순이의 애틋한 사랑이야기

③ 데릴사위제도의 비판과 마름의 긍정적 삶의 이야기

④ 어리숙한 데릴사위와 그를 이용한 교활한 장인 간의
해학적 갈등

[15~16] 다음 글을 읽고 물음에 답하시오.

> (가) 수양산(首陽山) 브라보며 이제(夷齊)를 한(恨)ᄒ노라
> 　　주려 주글진들 채미(採薇)도 ᄒᄂ 것가
> 　　비록에 푸새엣 거신들 긔 뉘 짜헤 낫ᄃ니
>
> – 성삼문 –
>
> (나) 산수 간(山水間) 바회 아래 뛰집을 짓노라 ᄒ니
> 　　그 모론 눔들은 운는다 ᄒ다마는
> 　　어리고 햐암의 뜻의ᄂ 내 분(分)인가 ᄒ노라
>
> 〈제1수〉
>
> 　　보리밥 픗ᄂ믈을 알마초 머근 후(後)에
> 　　바횟 긋 믉ᄀ의 슬ᄏ지 노니노라
> 　　그 나믄 녀나믄 일이야 부룰 줄이 이시랴
>
> 〈제2수〉
>
> 　　누고셔 삼공(三公)도곤 낫다 ᄒ더니 만승(萬乘)이 이
> 만ᄒ랴
> 　　이제로 헤어든 소부(巢父) 허유(許由) ㅣ 냑돗더라
> 　　아마도 임천한흥(林泉閑興)을 비길 곳이 업세라
>
> 〈제4수〉
>
> – 윤선도, 「만흥」 –

15. (가)와 (나)의 표현상 특징으로 적절한 것은?

① (가)는 (나)와 달리 겸양 표현을 통해 화자의 심리를
드러내고 있다.

② (나)는 (가)와 달리 고사를 인용하여 화자의 의도를
부각하고 있다.

③ (가)와 (나)는 대조를 활용하여 화자의 의지를 강조
하고 있다.

④ (가)와 (나)는 설의적 표현을 통해 화자의 가치관을
드러내고 있다.

16. (나)의 시어에 대한 설명으로 적절한 것은?

① '산수'는 화자가 지향하는 세계로, '임천'은 도피하고
싶은 세계로 볼 수 있다.

② '소부 허유'는 '눔들'과는 달리 화자가 지향하는 삶을
누린 인물로 볼 수 있다.

③ '믉ᄀ'는 '뛰집'과 상반되는 공간으로서 화자의 삶이
실현되는 곳으로 볼 수 있다.

④ '녀나믄 일'에 속하는 '내 분'은 현재 화자가 향유하는
삶에 대한 만족으로 볼 수 있다.

한편 이 서생은 황폐한 들에 숨어서 목숨을 보전하다가 도적의 무리가 떠났다는 소식을 듣고 부모님이 살던 옛집을 찾아갔다. 그러나 집은 이미 병화에 타 버리고 없었다. ㉠ 다시 아내의 집에 가 보니 행랑채는 쓸쓸하고 집안에는 쥐들이 우글거리고 새들만 지저귈 뿐이었다. 그는 슬픔을 견디지 못해, 작은 누각에 올라가서 눈물을 거두고 길게 한숨을 쉬며 날이 저물도록 앉아서 지난날의 즐겁던 일들을 생각해 보니, 완연히 한바탕 꿈만 같았다. 밤중이 거의 되자 희미한 달빛이 들보를 비추는데, 낭하에서 발자국 소리가 들려왔다. 그 소리는 먼 데서 점점 가까이 다가왔다. 살펴보니 사랑하는 아내가 거기 있었다. 이 서생은 그녀가 이미 이승에 없는 사람임을 알고 있었으나 너무나 사랑하는 마음에 반가움이 앞서 의심도 하지 않고 말했다.

㉡ "부인은 어디로 피란하여 목숨을 보전하였소?"

여인은 이 서생의 손을 잡고 한바탕 통곡하더니 곧 사정을 얘기했다.

"저는 본디 양가의 딸로서 어릴 때부터 가정의 교훈을 받아 자수와 바느질에 힘썼고, 시서(詩書)와 예법을 배웠으므로 규중의 법도만 알았을 뿐 어찌 집 밖의 일을 알았겠습니까? 그러나 낭군께서 붉은 살구꽃이 피어 있는 담 안을 엿보게 되자, 저는 스스로 몸을 바쳤으며 꽃 앞에서 한 번 웃고 난 후 평생의 가약을 맺었고, 휘장 속에서 거듭 만났을 때는 정이 백 년을 넘쳤습니다. 사세가 이렇게 되자 슬픔과 부끄러움을 차마 견딜 수가 없었습니다. 장차 백 년을 함께하려 했는데 어찌 횡액을 만나 구렁에 넘어질 줄 알았겠습니까? ㉢ 끝내 이리 같은 놈들에게 정조를 잃지는 않았지만, 몸뚱이는 진흙탕에서 찢김을 당하고 말았습니다. 진실로 천성이 그렇게 만든 것입니다만, 인정으로는 차마 할 수 없는 일이었습니다. 저는 낭군과 궁벽한 산골에서 헤어진 후로 짝 잃은 새가 되고 말았던 것입니다. 집도 없어지고 부모님도 잃었으니 피곤한 혼백의 의지할 곳 없음이 한스러웠습니다. 의리는 중하고 목숨은 가벼우므로 쇠잔한 몸뚱이로써 치욕을 면한 것만은 다행이었습니다만, 누가 산산조각이 난 제 마음을 불쌍히 여겨 주겠습니까? 다만 갈기갈기 찢어진 썩은 창자에만 맺혀 있을 뿐입니다. 해골은 들판에 버려졌고 몸뚱이는 땅에 버려지고 말았으니, 생각하면 그 옛날의 즐거움은 오늘의 이 비운을 위해 마련된 것이 아니었던가 싶습니다. 그러나 이제 봄바람이 깊은 골짜기에 불어와서 ㉣ 제 환신(幻身)이 이승에 되돌아왔습니다. 낭군과 저와는 삼세의 깊은 인연이 맺어져 있는 몸, 오랫동안 뵙지 못한 정을 이제 되살려서 결코 옛날의 맹세를 저버리지 않겠습니다. 낭군께서 지금도 삼세의 인연을 알아주신다면 끝내 고이 모실까 합니다. 낭군께서는 허락해 주시겠습니까?" (중략)

이 서생이 기쁘고 또 고마워서, "그것은 본디 나의 소원이오." 하고는 서로 즐겁게 심정을 털어놓았다.

어느덧 몇 해가 지난 어느 날 저녁에 여인은 이 서생에게 말했다.

"세 번이나 가약을 맺었습니다마는, 세상일이 뜻대로 되지 않았으므로 즐거움도 다하기 전에 슬픈 이별이 갑자기 닥쳐왔습니다."

하고는 마침내 목메어 울었다. 이 서생은 깜짝 놀라면서 물었다.

"무슨 까닭으로 그런 말씀을 하시오?"

여인은 대답했다.

"저승길은 피할 수가 없습니다. 하느님께서, 저와 낭군의 연분이 끊어지지 않았고 또 전생에 아무런 죄악도 없었으므로, 이 몸을 환생시켜 잠시 낭군을 뵈어 시름을 풀게 했던 것입니다. 그러나 오랫동안 인간 세상에 머물러 있으면서 산 사람을 유혹할 수는 없습니다."

하더니 시비에게 명하여 술을 올리게 하고는 옥루춘곡(玉樓春曲)에 맞추어 노래를 지어 부르면서 이 서생에게 술을 권했다.

도적 떼 밀려와서 처참한 싸움터에
몰죽음당하니 원앙도 짝 잃었네.
여기저기 흩어진 해골 그 누가 묻어 주리
피투성이 그 유혼은 하소연도 할 곳 없네.

슬프다 이내 몸은 무산선녀 될 수 없고
깨진 거울 갈라지니 마음만 쓰라리네
이로부터 작별하면 둘이 모두 아득하네
저승과 이승 사이 소식조차 막히리라.

– 김시습, 「이생규장전」 –

17. 윗글에 대한 설명으로 적절한 것은?
① 과거와 현재의 장면이 빈번하게 교차하고 있다.
② 특정 인물의 처지를 다양한 시점에서 서술하고 있다.
③ 인물과 인물 간의 갈등을 통해 사건이 진행되고 있다.
④ 대립적인 공간을 설정하여 비극적 결말을 암시하고 있다.

18. ㉠~㉣에 대한 이해로 적절하지 <u>않은</u> 것은?

① ㉠ : 배경 묘사를 통해 가족의 죽음을 간접적으로 전달하고 있다.

② ㉡ : '이생'이 '최 여인'의 죽음을 몰랐음을 알 수 있다.

③ ㉢ : 절개를 지키고자 목숨을 아끼지 않는 '여인'의 의지적 태도를 엿볼 수 있다.

④ ㉣ : 비현실적인 요소로서 작품의 주제 형성에 일조하고 있다.

19. 〈보기〉를 참고하여 윗글을 이해한 것으로 적절하지 <u>않</u>은 것은?

<보기>

소설 속에 삽입된 시는 인물의 심리 또는 정서를 비유적, 함축적으로 표현하여 작품의 분위기 형성에 영향을 미쳐 서사적인 소설이 갖지 못한 서정성을 작품에 부여한다. '삽입 시'는 이러한 정서적 기능뿐 아니라 서사적 기능 또한 부여하는데 압축적인 내용 전달로 앞선 진행 상황을 정리하거나 사건의 전개 방향을 암시하기도 하며 주제를 집약적으로 제시하기도 한다.

① '작별하면'과 '막히리라' 등을 통해 사건의 전개 방향을 암시하고 있다.

② '도적 떼'와 '원앙' 등의 비유적 표현으로 인물의 심리를 형상화하고 있다.

③ '몰죽음당하니'와 '짝 잃었네' 등을 통해 앞선 사건을 압축적으로 전달하고 있다.

④ '슬프다'와 '쓰라리네' 등의 표현으로 인물의 정서를 직접적으로 드러내고 있다.

[20~22] 다음 글을 읽고 물음에 답하시오.

그렇다면 양궁 선수들은 바람을 어떻게 극복할까? 선수들은 바람에 대비하여 평소에 오조준 연습을 한다. 오조준이란 바람의 방향과 세기에 따라 과녁에서 원래 목표 지점이 아닌 곳을 임시로 정하여 그곳에 화살을 쏘는 것을 말한다. 다시 말해 화살을 의도적으로 오조준하여 바람의 영향을 받은 화살이 과녁의 중앙에 가서 꽂히게 하는 것이다.

오조준을 할 때 선수들은 바람의 세기와 방향을 정확하게 가늠해야 한다. 다음의 그림은 오조준을 할 때 선수들이 머릿속으로 그리는 과녁이다. 정가운데 노란 지점은 선수들이 가장 높은 점수를 받을 수 있는 최종 목표 지점이다. 하지만 바람이 불 때에는 선수들이 노란 지점을 노리고 화살을 쏘아도 화살이 노란 지점에 꽂히지 않는다. 왜냐하면 화살이 날아가는 동안 바람이 화살을 밀어 다른 곳으로 보내기 때문이다.

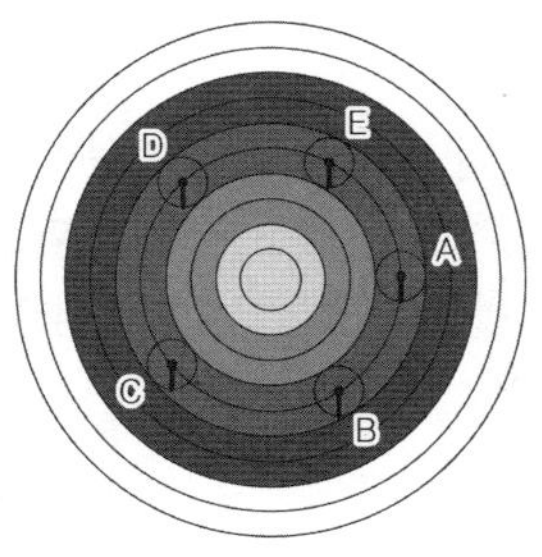

▲ 오조준 과녁표

그러므로 바람이 부는 방향과 세기에 따라 오조준을 하는 목표 지점을 그림의 A~E로 정해, 그곳을 목표로 화살을 쏜다. 오조준 목표 지점인 A는 바람이 오른쪽에서 왼쪽으로 불 때, D는 바람이 (㉠) 경우에 각각 목표로 쏘는 곳이다.

양궁 선수들의 오조준은 화살과 바람의 힘을 합성하는 물리적인 원리에 따른 것이다. 둘 이상의 힘이 작용하면 힘의 크기를 더하거나 뺄 수 있는데, 이를 '힘의 합성'이라고 하고, 이때 더해진 힘을 '합력'이라고 한다. 힘의 합성은 힘이 작용하는 방향에 따라 다음과 같이 세 가지로 나눌 수 있다.

첫째, 작용하는 방향이 같은 두 힘의 합력

한 물체에 두 힘이 같은 방향으로 동시에 작용할 때, 두 힘의 합력은 다음의 용수철저울 그림에서 보는 것처럼 두 힘의 크기를 합한 값과 같다.

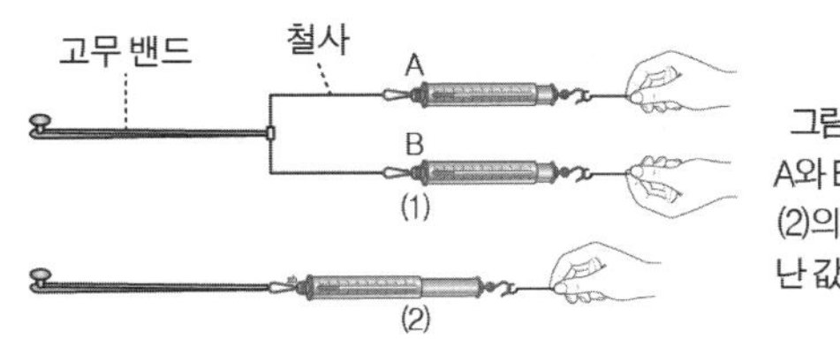

둘째, 작용하는 방향이 서로 반대인 두 힘의 합력

작용하는 방향이 서로 반대인 두 힘이 한 물체에 동시에 작용할 때, 합력의 크기는 큰 힘에서 작은 힘을 뺀 값과 같다. 다음 그림에서 큰 힘을 F_1, 작은 힘을 F_2라고 하면 합력 F는 큰 힘에서 작은 힘을 뺀 값이고, 합력의 방향은 큰 힘의 방향과 같다.

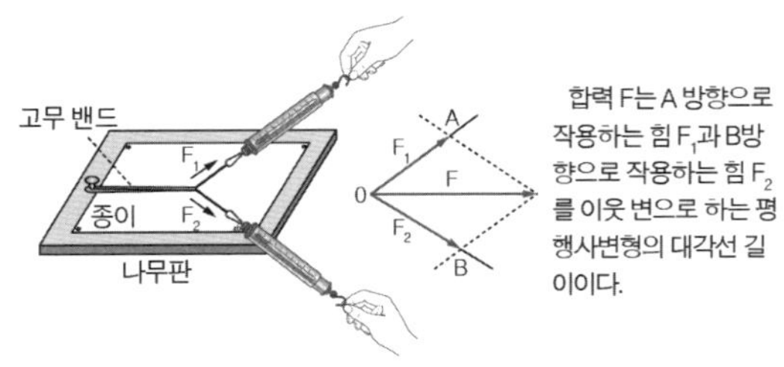

셋째, 방향이 나란하지 않은 두 힘의 합력

한 물체에 나란하지 않은 두 힘이 동시에 작용할 때, 두 힘의 합력은 다음 그림과 같이 두 변을 이웃으로 하는 평행사변형을 그리면 알 수 있다. 이때 합력의 크기는 대각선의 길이가 된다.

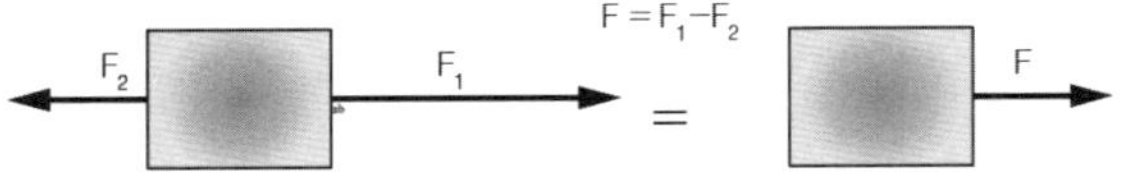

이러한 경우는 두 사람이 힘을 합쳐 물건을 옮기거나 들 때 흔히 경험할 수 있다. 이때 각각에 작용하는 두 힘이 클수록, 두 힘이 작용하는 사이의 각이 작을수록 힘의 합력은 커진다.

우리는 이러한 합력을 바람이 부는 양궁 경기장에서 볼 수 있다. 시위를 떠난 화살이 앞으로 나아가려는 힘과 바람의 힘이 합쳐질 때, 화살은 두 힘의 합력이 가리키는 방향으로 날아간다.

20. ㉠에 들어갈 내용으로 가장 적절한 것은?

① 불지 않아 바람의 영향이 미치지 않는

② 왼쪽에서 오른쪽으로 불고, 아래로 향하는

③ 왼쪽에서 오른쪽으로 불고, 위로 솟아오르는

④ 오른쪽에서 왼쪽으로 불고, 아래로 향하는

21. 윗글을 참고하여 Ⓐ ~ Ⓒ를 이해한 내용으로 적절한 것만을 〈보기〉에서 있는 대로 고른 것은?

〈보기〉

ㄱ. Ⓐ는 서로 반대인 힘이 작용하고 있으므로 합력의 방향은 큰 힘의 방향과 반대이다.

ㄴ. Ⓑ는 Ⓐ와 달리 두 힘이 각각 작용하는 방향과 합력의 방향이 일치한다.

ㄷ. Ⓑ와 Ⓒ는 모두 한 물체에 나란한 힘이 작용하고 있으므로 합력의 크기는 두 힘의 크기를 합한 값과 같다.

ㄹ. Ⓒ는 두 사람 사이의 거리가 멀어질수록 힘의 합력이 작아진다.

① ㄱ, ㄷ
② ㄴ, ㄷ
③ ㄴ, ㄹ
④ ㄱ, ㄴ, ㄹ

22. 윗글의 내용 전개 방식으로 가장 적절한 것은?

① 핵심 화제와 관련된 다양한 이론을 소개하고 있다.

② 핵심 화제와 관련된 다양한 상황을 병렬적으로 제시하고 있다.

③ 비유적인 표현을 통해 핵심 화제에 대한 이해를 돕고 있다.

④ 비교 및 대조의 방식으로 핵심 화제의 특징을 드러내고 있다.

(가) 유학을 떠나면서 내심 기대했던 「동물의 왕국」과 같은 장면과는 달리 나는 3년 동안 기생충 연구에 매달렸고, 공부하는 과목도 수학 생태학과 같은 다분히 학술적인 분야가 많았다. 아프리카 평원에서 기린을 만나는 것과는 너무나 동떨어진 연구였다. 그래서 혹시 그 비슷한 수업이 없나 하고 이리저리 찾아보았다. 그러다가 우리로 치면 '축산학과' 같은 과에서 어떤 교수님이 사회 생물학을 가르친다는 것을 알고 즉시 수강 신청을 했다.

그 수업에서는, 『사회 생물학』이라는 엄청나게 두꺼운 책을 주 교재로 활용했는데, ㉠ 이 책이 하버드 대학의 에드워드 윌슨 교수의 저서로 사회 생물학에 대해 일대 논쟁을 불러일으킨 유명한 책이라는 것은 나중에 알았다. 그것을 몰랐을 때도, 책을 읽는 내내 '세상에 이런 학문이 있구나' 하는 강렬한 느낌을 받았다. 1975년에 나온 이 책은 그야말로 엄청난 반향을 몰고 왔으며, 윌슨 교수는 이 책 때문에 물세례까지 받았다고 한다.

그런데 『사회 생물학』을 읽으며 발견한 또 다른 책이 바로 『이기적 유전자』이다. 이미 『사회 생물학』을 읽으며 그 매력에 빠져들고 있었으므로 관련된 책들을 다 읽어 보고 싶었다. 그래서 우선 영국 옥스퍼드 대학의 리처드 도킨스 교수가 쓴 『이기적 유전자』를 사서 읽었던 것이다.

세상을 살면서 한 권의 책 때문에 인생관, 가치관, 세계관이 하루아침에 바뀌는 경험을 하는 이들이 과연 몇이나 될까? 대부분은 아마 단 한 번도 그런 짜릿한 경험을 하지 못하고 생을 마칠 것이다. 그런데 나는 『이기적 유전자』를 읽으면서 그런 엄청난 경험을 했다.

(중략)

(나) 그런데 단 ㉡ 한 권의 책을 읽고 난 다음에 그 문제들이 하나의 줄로 연결되는 듯한 느낌이 들었다. 마치 내 몸속의 모든 핏줄이 하나로 쫙 몰려서 말끔히 씻겨 내려가듯 야릇한 기분이었다.

'아, 이제야 찾았구나. 내가 그동안 쇼펜하우어로 갔다가 동양 사상에 빠졌다가, 혼자서 애를 쓰면서도 못 찾았던 답을 드디어 찾았구나.'

어려서부터 유난히 그런 의문에 사로잡혔던 나는 나름대로 여러 가지 방법을 찾고는 했다. 재수 시절, 니체니 쇼펜하우어니 하는 철학자들의 책을 파고든 것도 그 때문이었다. 어느 해 여름에는 일부러 몇 군데 절을 찾아다니며 스님들과 이야기를 나눠보기도 했다. 삶 자체와 삶에서 만나는 근원적인 의문을 풀어보겠다고 까불댔으며, 글을 쓴답시고 원고지를 붙들고 끙끙댄 것도 다 그 맥락이었다. 하지만 도통 그에 대한 명쾌한 해답을 찾지 못했다. 그런데 어느 날 갑자기 한 권의 ㉢ 책으로 모든 것이 설명되는 기분이었으니 얼마나 황홀했겠는가?

그런데 그 황홀감은 시간이 지나면서 좌절감으로 변하기 시작했다. 처음에 읽었을 때는 답을 얻은 기분에 세상이 달라 보였는데, 그 단계가 지나니 시간이 지날수록 만사가 시시하게 여겨졌다.

'그래. 무엇 때문에 난 그렇게 애를 썼나? 저 사람은 무엇 때문에 저렇게 기를 쓰니? 모든 것이 유전자 때문인데, 어차피 우리야 유전자가 계획한 대로 움직이는 존재일 뿐인데……'

이런 생각이 드니까 모든 것에서 맥이 풀렸다. 열심히 사는 것, 노력하는 것이 모두 헛일이고 인생사 일장춘몽이라는 말이 떠올랐다.

'그럼, 지금 내가 사라져도 별것 아니겠네? 세상은 유전자 덕에 탈 없이 유지될 테니……'

그렇게 아무것도 할 수 없는 상태로 잠시 살았다. 하지만 다행히 방황이 길지는 않았고, 재해석을 통해 세상의 의미를 정리했다.

'이러면 안 돼, 미국까지 공부하러 와서 드디어 내가 기다리던 기회를 찾았고, 이제 막 시동을 걸었잖아. ㉣ 그 책이 말하려는 건 이게 아닐 거야.'

나는 긍정적이고 낙천적인 성격 덕분에 금방 추스를 수 있었으며, 새로운 가치관으로 세상을 보려고 노력했다. 그러면서 내가 해야 할 일, 할 수 있는 일을 찾아가기로 마음먹었다. 그리고 나는 인간의 존재 이유나 인간 행동의 이유를 더 깊이 이해하기 위해, 그 책과 같은 주제를 다루는 책들을 닥치는 대로 읽었다. 그 아류의 책들이 나오는 대로 나는 무조건 다 찾아 읽었고, 그 책에 대한 주제로 토론회가 열리면 빠지지 않고 참석했다. 돌이켜 보면, 그 몇 년 동안 내가 토론한 주제는 오로지 『이기적 유전자』에서 다룬 주제들이었다. 끊임없이 그 주제들에 관한 책을 읽고 토론을 거듭한 어느 순간, 나는 굉장히 편안해지기 시작했다.

23. 윗글을 통해 파악할 수 있는 내용으로 적절하지 <u>않은</u> 것은?

① 글쓴이는 재해석의 과정을 통해 좌절감을 극복했다.

② 『사회 생물학』 책은 출간 후 많은 논쟁을 불러일으켰다.

③ 글쓴이는 유학 생활 중 학업 성취를 위해 『사회 생물학』을 읽었다.

④ 글쓴이는 에드워드 윌슨 교수의 책을 읽고 세계관이 바뀌는 경험을 했다.

24. ㉠~㉣ 중 가리키는 대상이 <u>다른</u> 것은?

① ㉠　　　　　　② ㉡

③ ㉢　　　　　　④ ㉣

25. 윗글의 서술 방식으로 적절하지 <u>않은</u> 것은?

① 독서 이력과 그에 따른 느낌을 드러내고 있다.

② 내면 심리 변화를 중심으로 글을 서술하고 있다.

③ 자신의 심리를 비유적 표현을 통해 드러내고 있다.

④ 자발적으로 읽은 책의 내용을 객관적으로 전달하고 있다.

제 ② 교시

수 학

1. 두 다항식 $A = x^2 + x - 1$, $B = x^2 - x$에 대하여 $A + 2B$ 는?

① $3x^2 - x - 1$

② $2x^2 - 1$

③ $3x^2 + x - 1$

④ $2x - 1$

2. $x^2 + 3x + 4 = (x+1)^2 + a(x+1) + b$는 x에 대한 항등식이다. 두 상수 a, b에 대하여 $a + b$의 값은?

① 2 　　　　　② 3

③ 4 　　　　　④ 5

3. 다항식 $x^3 + 3x^2 + ax + 1$을 $x - 1$로 나눈 나머지가 3일 때, 상수 a의 값은?

① -3 　　　　　② -2

③ -1 　　　　　④ 1

4. 다항식 $x^3 + 6x^2 + 12x + 8$을 인수분해한 식이 $(x + a)^3$일 때, 상수 a의 값은?

① 2 　　　　　② 0

③ -2 　　　　　④ 4

5. $2 + 2i + (3 - i) = 5 + ai$일 때, 실수 a의 값은? (단, $i = \sqrt{-1}$)

① 1 　　　　　② 2

③ 3 　　　　　④ 4

6. $x^2 - 6x + 5 = 0$의 두 근을 α, β라 할 때, $\alpha + \beta + \alpha\beta$의 값은?

① 8 　　　　　② 9

③ 10 　　　　　④ 11

7. $-2 \leq x \leq 2$에서 이차함수 $y = (x+1)^2 - 6$의 최솟값과 최댓값의 합을 구하면?

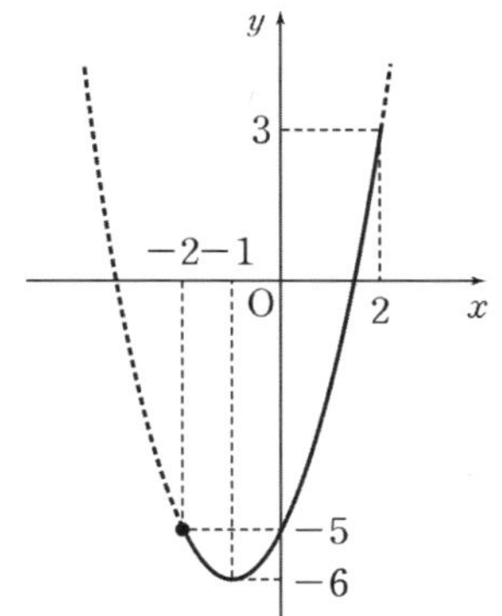

① -4 　　　　　② -3

③ -2 　　　　　④ -1

8. 삼차방정식 $2x^3 - x^2 + ax + 2 = 0$의 한 근이 1일 때, 상수 a의 값은?

① 0 ② -1

③ -2 ④ -3

9. 다음 부등식 $|x-1| \leq 3$의 해를 수직선 위에 나타낼 때, a에 알맞은 수는?

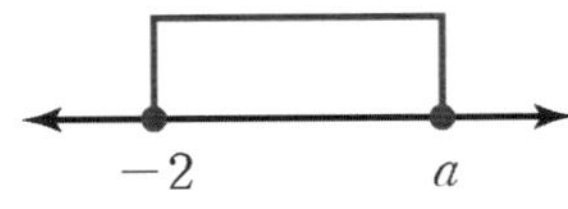

① 2 ② 3

③ 4 ④ 5

10. 연립부등식 $\begin{cases} 3x - 3 > 0 \\ (x+1)(x-3) \leq 0 \end{cases}$ 의 해가 $\alpha < x \leq \beta$일 때, $\alpha\beta$의 값은?

① 2 ② 3

③ 4 ④ 5

11. 좌표평면 위의 두 점 $A(0, 2)$, $B(4, -1)$ 사이의 거리는?

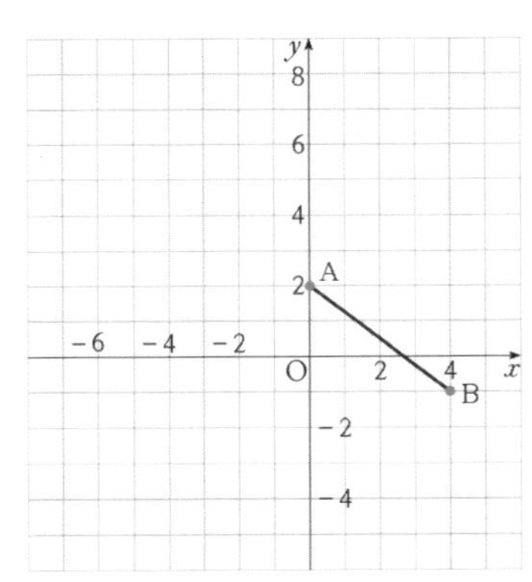

① 2 ② $\sqrt{5}$

③ 3 ④ 5

12. 직선 $y = \dfrac{1}{2}x + 2$와 수직이고, 점 $(0, -5)$를 지나는 직선의 방정식은?

① $y = \dfrac{1}{2}x - 5$

② $y = \dfrac{1}{2}x + 5$

③ $y = -2x + 2$

④ $y = -2x - 5$

13. 중심이 $(2, -3)$이고, y축에 접하는 원의 방정식은?

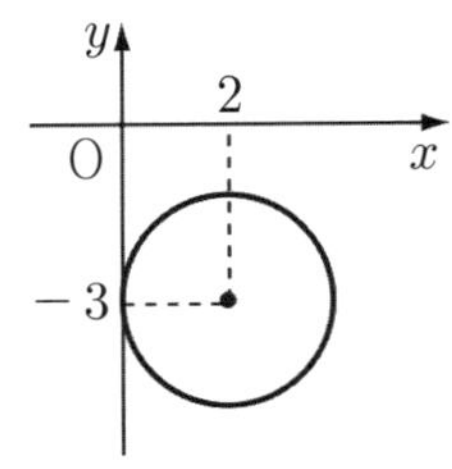

① $(x-2)^2 + (y+3)^2 = 2$

② $(x-2)^2 + (y+3)^2 = 4$

③ $(x+2)^2 + (y-3)^2 = 3$

④ $(x+2)^2 + (y-3)^2 = 9$

14. 좌표평면 위의 점 $(0, -2)$를 x축의 방향으로 3만큼, y축의 방향으로 5만큼 평행이동한 점의 좌표는?

① $(3, 3)$ ② $(3, 5)$

③ $(-3, -7)$ ④ $(-3, -5)$

15. 전체집합 $U = \{x \,|\, 1 \leq x \leq 10,\ x는\ 자연수\}$의 두 부분집합 $A = \{x \,|\, x는\ 8의\ 약수\}$, $B = \{1, 2, 3, 4, 5\}$에 대하여 $n(A \cap B)$의 값은?

① 1 ② 2

③ 3 ④ 4

16. 명제 '$x = 3$이면 $x^2 = 9$이다.'의 대우는?

① $x = 3$이면 $x^2 \neq 9$이다.

② $x \neq 3$이면 $x^2 = 9$이다.

③ $x^2 \neq 9$이면 $x \neq 3$이다.

④ $x^2 = 9$이면 $x = 3$이다.

17. 다음의 집합 X에서 집합 Y로의 함수에 대한 설명으로 옳지 <u>않은</u> 것은?

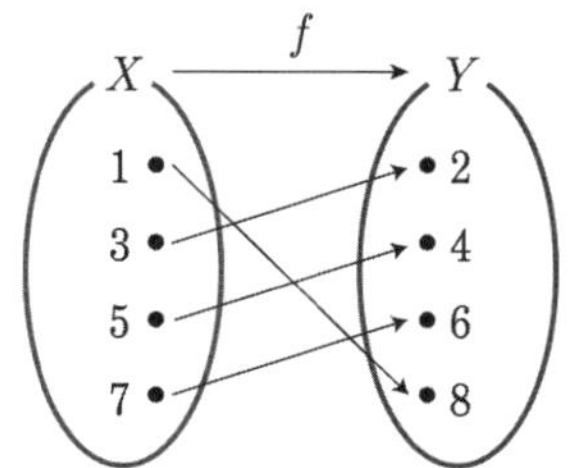

① 치역은 $\{2, 4, 6, 8\}$이다.

② $f^{-1}(2) = 3$이다.

③ 정의역은 $\{1, 3, 5, 7\}$이다.

④ $f(6) = 7$이다.

18. $y = \dfrac{1}{x}$의 그래프를 x축의 방향으로 a만큼, y축의 방향으로 b만큼 평행이동하면 $y = \dfrac{1}{x+3} - 2$의 그래프가 된다. $a + b$의 값은?

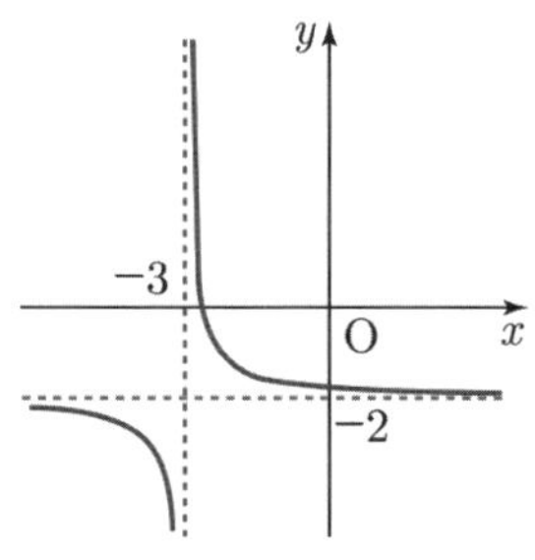

① 5

② 1

③ -1

④ -5

19. 서로 다른 4개의 놀이기구가 있는 놀이공원에서 놀이기구 3개를 골라 순서를 정하여 타려고 한다. 이때, 놀이기구를 타는 경우의 수는?

① 24가지

② 20가지

③ 15가지

④ 12가지

20. 김밥 4종류와 라면 3종류 중에서 김밥 2종류와 라면 1종류를 선택하여 먹는 방법의 수는?

① 6

② 12

③ 18

④ 24

제 ③ 교시

영 어

[1~3] 다음 밑줄 친 부분의 뜻으로 가장 적절한 것을 고르시오.

1.

Habit is a second nature.

① 교육　　　　② 노력
③ 성공　　　　④ 습관

2.

My mother is always concerned about my health.

① 걱정하다　　　　② 싫어하다
③ 존경하다　　　　④ 준비하다

3.

I am in favor of your proposal.

① 근무 중인　　　　② 반대하는
③ 찬성하는　　　　④ 책임 있는

4. 두 단어의 관계가 나머지 셋과 다른 것은?
① arrive － leave　　　② false － true
③ loose － tight　　　④ slim － thin

5. 다음 광고에서 알 수 없는 것은?

MILK Boys & Girls

We are looking for healthy students to deliver milk.
• 50,000 won per 100 homes a day
• From Monday to Friday

① 배달 물건　　　　② 배달 요일
③ 수당　　　　④ 연락처

[6~8] 다음 빈칸에 공통으로 들어갈 말로 가장 적절한 것을 고르시오.

6.

• Go straight and _________ left at the first corner.
• Wait until it's your _________.

① have　　　　② make
③ take　　　　④ turn

7.

• _________ do you live?
• This is the house _________ I have lived for 10 years.

① when　　　　② where
③ which　　　　④ who

8.

• I'm interested _________ soccer.
• _________ fact, it's very easy.

① at　　　　② in
③ on　　　　④ to

9. 대화에서 밑줄 친 표현의 의미로 알맞은 것은?

A : It seems that I'm too old to study English.
B : Better late than never.

① 규칙을 잘 지켜라.
② 늦어도 안 하는 것보단 낫다.
③ 외모로 판단하지 마라.
④ 제 눈에 안경이다.

10. 대화에서 B의 밑줄 친 표현의 의도로 알맞은 것은?

> A : I lost my new bike.
> B : <u>Oh, I'm sorry to hear that.</u>

① 거절   ② 동정
③ 축하   ④ 충고

11. 대화가 이루어지는 장소로 가장 알맞은 것은?

> A : May I take your order?
> B : Sure. I'd like beef steak.
> A : How would you like your steak?
> B : Well-done, please.

① 식당   ② 옷가게
③ 우체국   ④ 편의점

12. 밑줄 친 'this problem'이 가리키는 것은?

> One of the biggest problems in my city is how to throw away all the garbage. I would like to introduce some ways to solve <u>this problem</u>.

① 교통 문제   ② 소음 문제
③ 수질 문제   ④ 쓰레기 문제

13. 대화의 빈칸에 들어갈 말로 가장 적절한 것은?

> A : How long does it take to get to your house?
> B : ___________________.

① By bus
② No problem
③ Twenty minutes
④ You are welcome

14. 대화의 빈칸에 들어갈 말로 가장 적절한 것은?

> A : Sam, what's wrong?
> B : My right hand hurts.
> A : Since when?
> B : ______________.

① Have a good time
② Last week
③ Maybe next time
④ Sorry to hear that

15. 대화에서 A의 직업으로 가장 알맞은 것은?

> A : Good morning. What's your problem?
> B : My teeth hurt.
> A : Open your mouth, please. You've got a bad tooth. I must pull it out.

① 변호사   ② 약사
③ 요리사   ④ 치과의사

16. 다음 글의 목적으로 가장 알맞은 것은?

> Dear Students,
> As you know, we provide you with an opportunity to study abroad for a year as an exchange student. Applications are due by March 10th. For more information, visit the Future University website. Thank you.

① 감사   ② 사과
③ 안내   ④ 위로

17. 다음 글의 빈칸에 가장 알맞은 것은?

> TV is a good ________ for everyone. Some TV programs can teach us how to study English, how to make delicious dishes, and so on.

① mail carrier   ② police officer
③ student   ④ teacher

18. 글의 내용과 일치하지 <u>않는</u> 것은?

> Jack and Bill are best friends. This semester, Bill joined four different school clubs and it keeps him very busy. Jack finds that Bill looks distracted and his grades are suffering. Four different club activities are too much for him. So Jack will tell Bill to set a priority and reduce his club activities.

① 잭은 동아리 활동으로 바쁘다.
② 빌은 산만해 보인다.
③ 빌의 성적이 떨어지고 있다.
④ 잭은 빌에게 클럽 활동을 줄이라고 말할 것이다.

19. 다음 글의 주제로 가장 적절한 것은?

> I have my own ways of learning English. First, I try to read as many books or magazines as possible. Second, I keep a diary in English. Finally, I practice speaking English alone at least 10 minutes a day.

① 독서의 중요성
② 영어 일기의 재미
③ 영어 학습 방법
④ 취미 활동 소개

[20~21] 다음 글의 빈칸에 들어갈 말로 가장 적절한 것을 고르시오.

20.

> Customs __________ from country to country. In Korea, people take off their shoes in a living room. But it is fine with Americans to wear shoes in a living room.

① are the same　　② buy
③ differ　　④ wear

21.

> Apples are a common and popular __________ in the United States. People believe that apples are good for health. They say, "An apple a day keeps the doctor away."

① animal　　② fruit
③ meat　　④ tree

22. 다음 글 바로 뒤에 올 내용으로 가장 알맞은 것은?

> I'm from LA and I have been visiting Korea on business. I like Korea, but I have not always experienced good things in Korea. Here I'd like to explain two unhappy experiences I had.

① 한국에서의 나쁜 경험
② 한국에서의 좋은 경험
③ 한국의 도시들
④ 한국의 아름다움

23. 주어진 문장이 들어가기에 가장 알맞은 곳은?

> Here are some ways you can help prevent mosquito bites.

> Mosquitoes are annoying insects. ⓐ First, try rubbing some peppermint oil on your skin. ⓑ It's a natural insecticide which keeps mosquitoes away. Also, use an electric fan. ⓒ Mosquitoes are bad fliers so the wind will help blow them away. ⓓ Finally, mosquitoes are mainly attracted to strong scents, so make sure to take a shower.
>
> * insecticide 살충제

① ⓐ　　② ⓑ
③ ⓒ　　④ ⓓ

Are you ready for a campground for your family? Then Forest Campgrounds, which is only 90-minute drive from downtown, would be perfect for you. If you are a beginner, we can lend you everything you need for camping, including tents and sleeping bags. _______, don't worry about barbecue gear because we'll provide it for free. We'll do our best to make your camping trip unforgettable.

24. 윗글의 흐름으로 보아 빈칸에 알맞은 것은?

① Besides 　　　② For example
③ However 　　　④ Therefore

25. 윗글에서 제공되지 <u>않는</u> 것은?

① 바비큐 장비 　　　② 자동차 운전
③ 침낭 　　　④ 텐트

제 ④ 교시　　사 회

1. 고령화를 바라보는 갑과 을의 탐구 관점은 무엇인가?

> 갑 : 노인 부양은 가족뿐만 아니라 사회가 함께 노력해야 한다는 사회 윤리적 가치관이 확산되고 있다.
> 을 : 농촌 지역의 고령화 인구 비율은 도시 지역보다 매우 높게 나타난다.

	갑	을
①	윤리적 관점	공간적 관점
②	공간적 관점	시간적 관점
③	사회적 관점	윤리적 관점
④	시간적 관점	사회적 관점

2. 다음에서 설명하는 인권의 종류로 가장 적절한 것은?

> 지구촌 구성원 모두의 인권 보장을 위해 함께 노력해야 한다. 누구나 평등하게 대우받을 권리, 평화의 권리, 재난으로부터 구제받을 권리 등이 있다.

① 자유권
② 청구권
③ 사회권
④ 연대권

3. 자본주의의 일반적 특징으로 적절하지 <u>않은</u> 것은?
① 사유 재산권이 법적으로 보장된다.
② 개인의 경제 활동의 자유가 보장된다.
③ 대부분의 경제 활동이 시장에서 이루어진다.
④ 국가가 결정한 가격에 따라 상품의 거래가 이루어진다.

4. 자본주의 변천 과정에 대한 설명으로 옳지 <u>않은</u> 것은?
① 상업 자본주의는 상품의 유통으로 이윤을 추구한다.
② 산업 자본주의는 경제 활동의 자유를 최대한 보장한다.
③ 수정 자본주의는 국가의 경제 개입을 강조한다.
④ 신자유주의는 사회 보장 제도의 확대를 주장한다.

5. 다음에서 설명하는 것은?

> 정부, 지방 자치 단체, 금융 기관 및 주식회사 등이 미래에 일정한 이자를 지급할 것을 약속하고 돈을 빌린 후 지급하는 증서이다.

① 주식
② 채권
③ 예금
④ 연금

6. 다음에서 설명하는 제도가 <u>아닌</u> 것은?

> 국민의 기본적 인권을 규정하고, 이를 실질적으로 보장하기 위해 여러 제도를 헌법에 규정하고 있다.

① 안전 관리 제도
② 권력 분립 제도
③ 복수 정당 제도
④ 헌법 소원 심판 제도

7. (가)~(다)는 서로 다른 문화 요소의 접촉에 따른 문화 변동 양상을 나타낸 것이다. 이에 관한 옳은 설명을 〈보기〉에서 고른 것은?

> (가) A + B = A
> (나) A + B = C
> (다) A + B = A, B

* A, B는 서로 다른 사회의 문화 요소이며, C는 새로운 문화 요소이다.

> ──────〈보기〉──────
> ㄱ. (가)는 문화 융합에 해당한다.
> ㄴ. (나)는 다른 사회의 문화 요소와 전통문화 요소가 결합하여 새로운 문화가 만들어진 현상이다.
> ㄷ. (다)는 문화 동화에 해당하며 다른 사회의 문화 요소와 기존의 문화 요소가 각각의 고유한 문화 특성을 유지한다.
> ㄹ. 미국 인디언이 백인 문화와 접촉하면서 자신의 문화를 상실한 것은 (가)의 예이다.

① ㄱ, ㄴ
② ㄱ, ㄷ
③ ㄴ, ㄷ
④ ㄴ, ㄹ

8. 시민 불복종의 정당화 조건이 <u>아닌</u> 것은?

① 비폭력이어야 한다.
② 공개적으로 이루어져야 한다.
③ 자신과 집단의 이익에 부합해야 한다.
④ 위법 행위에 대한 처벌을 감수해야 한다.

9. 다음에서 설명하는 제도는?

> 사회적 약자에게 실질적인 기회의 평등을 보장하기 위해 다양한 측면에서 직간접적으로 혜택을 제공하는 제도이다.

① 사회 보험   ② 사회 서비스
③ 소비자 주권   ④ 적극적 우대 조치

10. 다음은 문화를 이해하는 태도를 나타낸 것이다. (가)~(다)에 대한 설명으로 옳지 <u>않은</u> 것은?

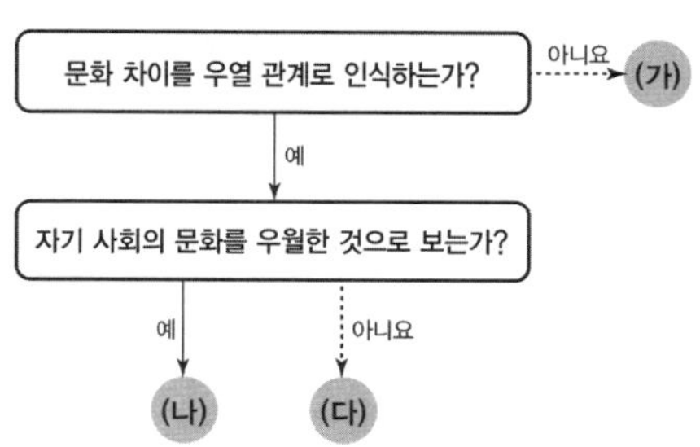

① (가)는 문화 상대주의이다.
② (나)는 자문화 중심주의이다.
③ (다)는 문화 사대주의이다.
④ (다)는 문화 제국주의가 나타난다.

11. 다음에서 설명하는 정부의 역할은?

> 좋은 영향을 주는 재화는 보조금 지급, 세제 혜택을 통해 생산량이나 소비량이 늘어나도록 하고, 부정적 영향을 주는 재화는 벌금, 세금 부과 등을 통해 생산량이나 소비량이 줄어들도록 조절한다.

① 독과점 규제
② 공공재 공급
③ 외부 효과 개선
④ 경제적 불평등 완화

12. 다음에서 설명하는 것은?

> 다양한 문화가 서로 대등하게 조화를 이루어야 한다는 문화 정책이다.

① 용광로 이론
② 국수 대접 이론
③ 샐러드 볼 이론
④ 차별적 배제 모형

13. ㉠, ㉡에 들어갈 사상가를 바르게 연결한 것은?

> - ㉠ : 정의는 일반적 정의와 특수적 정의로 구분된다. 정의로운 것은 일종의 비례적인 것이다.
> - ㉡ : 공정으로서의 정의로 최소 수혜자에게 최대의 이익이 되도록 분배가 되어야 한다.

	㉠	㉡
①	아리스토텔레스	노직
②	아리스토텔레스	롤스
③	왈처	롤스
④	롤스	노직

14. 다음 글의 기후 지역을 A~E에서 고른 것은?

> 일 년 내내 기온이 낮아 보온을 위해 동물의 가죽털로 만든 두꺼운 옷을 입는다. 순록의 유목이 이루어지며 이글루, 고상 가옥이 나타난다.

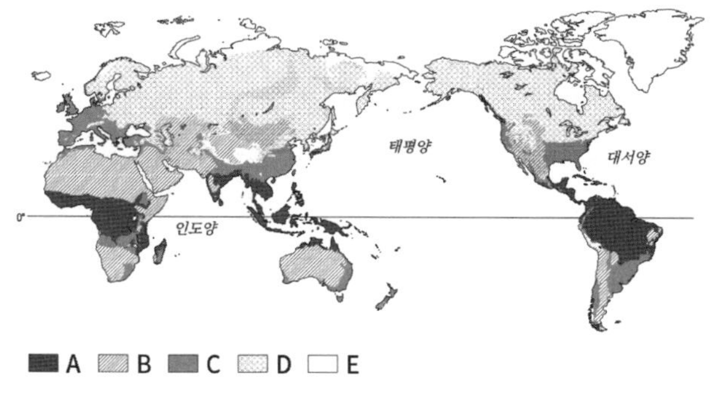

① A   ② B
③ D   ④ E

15. 제시된 사상가들이 자연을 바라보는 관점은?

> • 아리스토텔레스   • 베이컨
> • 데카르트   • 칸트

① 인간 중심주의   ② 동물 중심주의
③ 생명 중심주의   ④ 생태 중심주의

16. 다음 그래프의 A, B에 들어갈 지표를 옳게 연결한 것은?

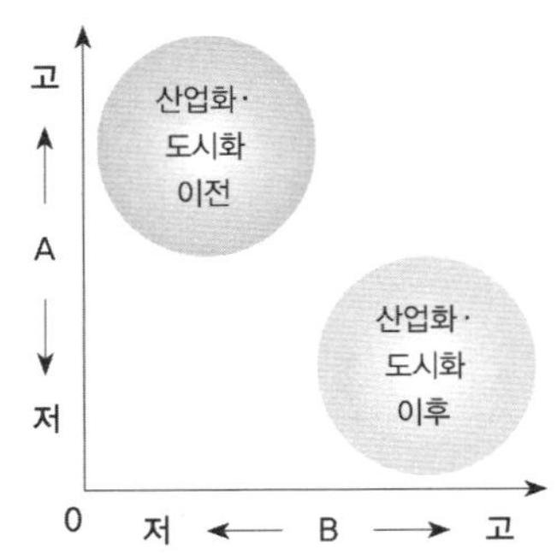

* 고(저)는 많음(적음), 높음(낮음)을 의미함.

	A	B
①	도시 인구 비율	녹지 면적의 비율
②	녹지 면적의 비율	열대야 발생 일수
③	제조업 종사자 수	열대야 발생 일수
④	녹지 면적 비율	생물종의 다양성

[17~18] 다음 그림은 A와 B의 지하자원의 이동을 나타낸 그림이다. 물음에 답하시오.

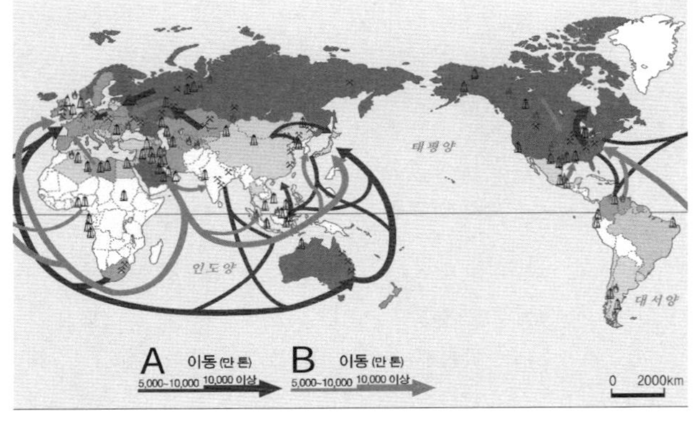

17. 위의 그림에서 A와 B의 지하자원을 바르게 짝지은 것은?

	A	B
①	석탄	석유
②	석유	석탄
③	천연가스	석유
④	석탄	천연가스

18. A에 대한 설명으로 옳은 것은?

① 신생대 제3기 배사 구조에 주로 매장되어 있다.
② 18세기 산업 혁명 이후 동력 자원으로 이용되었다.
③ 에너지 효율이 높고 오염 물질의 배출이 적은 청정 연료이다.
④ 페르시아만을 중심으로 서남아시아 지역에 약 60% 이상이 매장되어 있다.

19. 다음에서 설명하는 종교는?

> • 소를 신성시한다.
> • 갠지스강이 성지이며 종교의식으로 목욕을 한다.

① 불교   ② 힌두교
③ 이슬람교   ④ 크리스트교

20. 다음에서 설명하는 문화권은?

> _______ 문화권
>
> 특징
> • 유럽 식민 지배의 영향으로 부족과 국경이 불일치하여 지역 분쟁이 빈번하게 발생한다.
> • 이동식 화전 농업, 플랜테이션 농업

① 북극 문화권   ② 동아시아 문화권
③ 아프리카 문화권   ④ 라틴 아메리카 문화권

21. (가), (나)에 해당하는 현상을 옳게 연결한 것은?

> (가) 삶의 공간이 개별 국가의 국경을 넘어서 전 지구로 확대되어 가는 현상
> (나) 특수한 지역적 요소들이 지역적 수준을 넘어 세계적으로 그 가치를 인정받는 현상

	(가)	(나)
①	세계화	산업화
②	세계화	지역화
③	산업화	세계화
④	지역화	산업화

22. 다음에서 설명하는 용어는?

> 국내외적으로 전쟁, 테러 등 물리적 폭력이 없을 뿐만 아니라 간접적 폭력까지 모두 제거된 상태를 의미한다.

① 소극적 자유 ② 소극적 평등
③ 적극적 자유 ④ 적극적 평화

23. 제시된 국제 사회 행위 주체에 대한 설명으로 옳은 것은?

> • 그린피스
> • 국경 없는 의사회
> • 국제 사면 위원회

① 무역을 통한 이익을 추구한다.
② 민간단체나 개인들이 자발적으로 구성한다.
③ 각 정부가 주체가 되어 인권 보호를 위해 노력한다.
④ 독립적인 주권을 행사하는 국제 사회의 가장 기본적인 행위 주체이다.

24. 고령화 현상이 지속될 경우 우리나라에 나타날 변화로 적절한 추론을 〈보기〉에서 고른 것은?

〈보기〉
ㄱ. 유소년층의 비율이 높아질 것이다.
ㄴ. 노동력 부족 문제가 발생할 것이다.
ㄷ. 청장년층의 인구 비율이 높아질 것이다.
ㄹ. 노년 부양비의 증가로 국가 재정 부담이 커질 것이다.

① ㄱ, ㄴ   ② ㄱ, ㄷ
③ ㄴ, ㄷ   ④ ㄴ, ㄹ

25. 다음에서 설명하는 역사 문제는?

> 한반도 북부와 만주에서 활동했던 고조선, 고구려, 발해 등의 역사를 왜곡하는 사건

① 위안부 문제
② 동북공정 문제
③ 독도 영유권 주장문제
④ 남북 분쟁 문제

제 ⑤ 교시　　과　학

1. 다음 설명에 해당하는 발전 방식은?

> • 태양의 빛에너지를 직접 전기 에너지로 전환한다.
> • 무제한으로 이용할 수 있다.

① 풍력 발전　　　　② 조력 발전
③ 핵발전　　　　　④ 태양광 발전

2. 그림과 같이 자석을 코일 속에 넣었다 뺐다 하면 검류계 바늘이 움직인다. 이 현상에 대한 설명으로 옳은 것은?

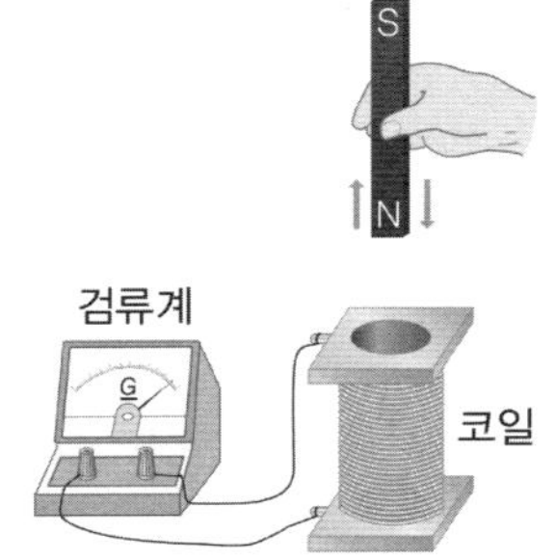

① 자석과 코일을 움직이지 않을 때 검류계 바늘의 움직임이 가장 크다.
② 코일에 흐르는 전류는 유도 전류라고 한다.
③ 자석을 센 자석으로 바꾸면 검류계 바늘은 움직이지 않는다.
④ 자석을 넣었다 뺄 때 검류계 바늘은 한 방향으로만 움직인다.

3. 다음은 정지한 질량이 같은 물체에 작용하는 힘의 크기와 힘이 작용한 시간을 나타낸 것이다. 물체의 운동량 변화가 가장 큰 것은? (단, 모든 마찰은 무시한다.)

	작용한 힘의 크기(N)	힘이 작용한 시간(초)
①	10	4
②	20	2
③	30	5
④	5	10

4. 다음은 수소 연료 전지의 원리를 나타낸 그림이다. 수소 연료 전지에서 화학 에너지를 전기 에너지로 전환하기 위해 사용하는 물질은?

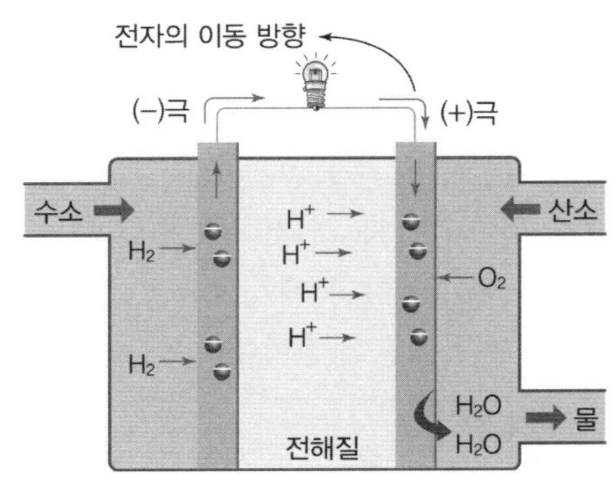

① N_2　　　　　　② O_2
③ C　　　　　　　④ Fe

5. 다음 중 전기 에너지 전환 사용이 <u>다른</u> 것은?
① 전기 다리미　　　② 토스터
③ 배터리 충전　　　④ 전기 주전자

6. 그림은 주기율표의 일부를 나타낸 것이다. 가장 바깥 전자 껍질에 들어있는 전자의 개수가 가장 적은 것은?

족 / 주기	1	2	17	18
1	A			
2				B
3		C		D

① A　　　　　　　② B
③ C　　　　　　　④ D

7. 다음 중 무색의 페놀프탈레인 용액에 첨가했을 때 혼합 용액의 색을 붉은색으로 바꾸는 물질은?
① HCl　　　　　　② NaCl
③ NaOH　　　　　④ H_2O

8. 다음 중 산화 환원 반응에 대한 설명으로 옳지 <u>않은</u> 것은?

① 산화는 물질이 산소를 얻는 반응을 말한다.
② 물질이 산소를 잃으면 물질은 환원된 것이다.
③ 산화 환원은 동시에 일어난다.
④ 산화 환원 반응의 결과 항상 물이 생성된다.

9. 다음 설명에 해당하는 원소는?

> • 탄소 화합물의 중심 원소이다.
> • 그래핀을 구성하는 원소이다.
> • 풀러렌은 이 원자 60개가 축구공 모양을 이루며 결합하여 만들어진 물질이다.

① H　　　　　　　② C
③ Fe　　　　　　　④ U

10. 다음 중 반응성이 작고 화학적으로 안정한 원소는?

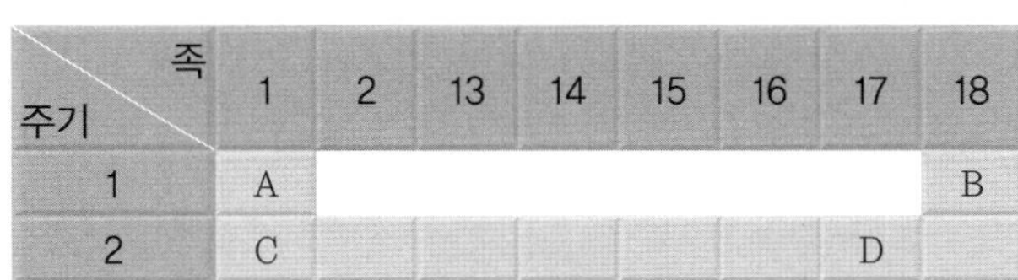

① A　　　　　　　② B
③ C　　　　　　　④ D

11. 다음 중 산과 염기가 반응하여 공통으로 만드는 물질은?

① H_2O　　　　　　② NaCl
③ NaOH　　　　　　④ H_2SO_4

12. 다음 설명에 해당하는 염기는?

> • RNA를 구성하는 염기 중 하나이다.
> • 전사가 될 때 A에 상보적인 염기이다.

① T　　　　　　　② C
③ U　　　　　　　④ G

13. 그림은 물 분자의 결합을 모형으로 나타낸 것이다. 물 분자와 공유 전자쌍의 개수가 같은 것은?

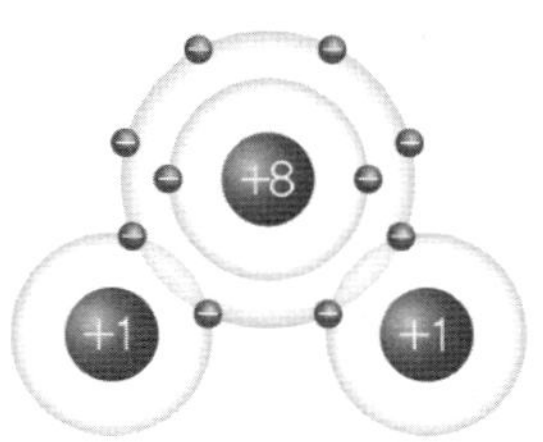

①
②
③
④

14. 다음 설명에 관여하는 에너지원은?

> • 기상 현상과 풍화, 침식 작용을 일으킨다.
> • 식물의 광합성에 이용된다.
> • 지구 시스템 에너지원 중 가장 많은 양을 차지한다.

① 지구 내부 에너지　　② 풍력 에너지
③ 태양 에너지　　　　④ 조력 에너지

15. 제시된 화석과 관련이 있는 지질 시대는?

① 선캄브리아시대　　② 고생대
③ 중생대　　　　　　④ 신생대

16. 다음과 같은 자연 현상이 일어날 때 관련된 지구 시스템의 구성 요소가 바르게 연결된 것은?

> 지구 온난화로 생태계 변화가 생겼다.

① 수권, 외권
② 기권, 지권
③ 수권, 지권
④ 생물권, 기권

17. 그림은 판의 경계 중 하나를 나타낸 것이다. 이에 대한 설명으로 옳지 <u>않은</u> 것은?

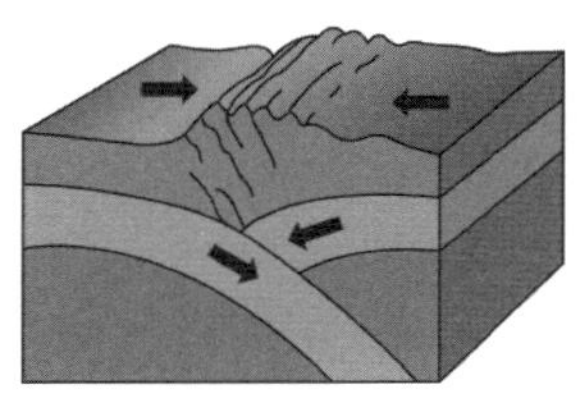

① 수렴형 경계이다.
② 판과 판이 가까워진다.
③ 변환 단층이 나타난다.
④ 지진이 발생한다.

18. 다음은 기권을 온도 변화에 따라 구분한 것이다. 위로 올라갈수록 기온이 낮아지고 대류 현상과 기상 현상이 일어나는 곳은?

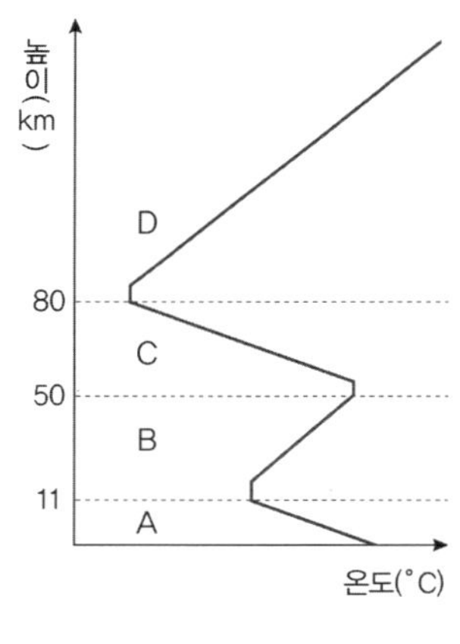

① A
③ C
② B
④ D

19. 생태계의 구성 요소 중 식물성 플랑크톤이 속하는 것은?

① 생산자
② 세균
③ 분해자
④ 1차 소비자

20. 다음과 같은 우주론의 증거에 해당하는 것은?

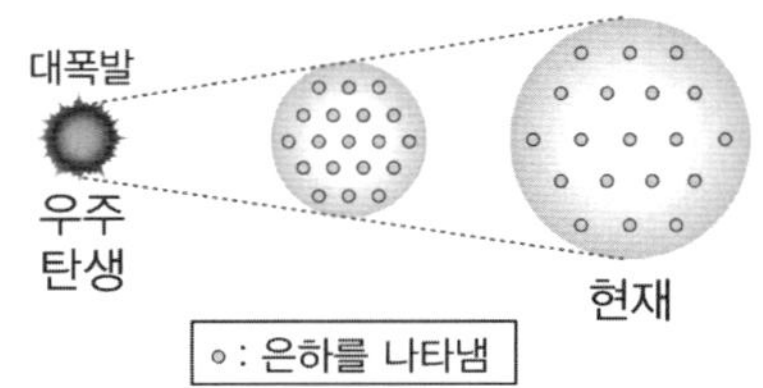

① 우주 배경 복사
② 우주의 질량 감소
③ 수소와 산소의 질량비
④ 우주의 온도 상승

21. 다음은 변압기 1차 코일과 2차 코일의 감은 수를 비교하여 나타낸 것이다. 1차 코일에 걸린 전압이 400V일 때 2차 코일의 전압은?

	1차 코일	2차 코일
코일의 감은 수	100회	20회

① 20V
③ 100V
② 80V
④ 200V

22. 그림은 열기관의 모습이다. Q_1이 100J이고 열기관의 열효율이 0.1일 때 이 열기관이 한 일은? (단, 공급한 열량(Q_1), 방출된 열량(Q_2), 열기관이 한 일(W)로 나타낸다.)

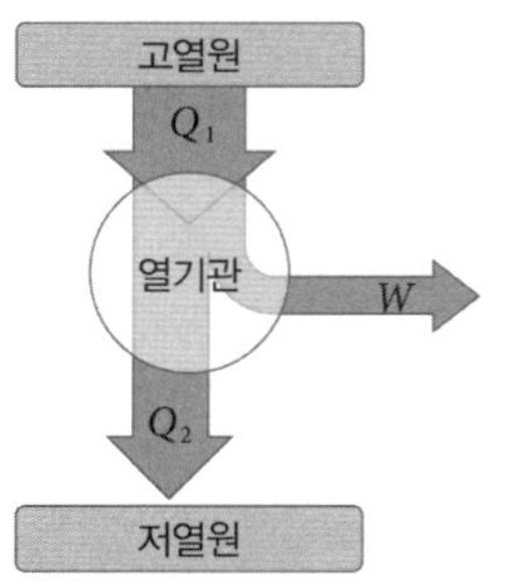

① 10J
③ 90J
② 50J
④ 100J

23. 그림은 세포막을 통한 물질의 이동을 나타낸 것이다. 이처럼 인지질 2중층과 막단백질을 통해 물질의 농도가 높은 곳에서 낮은 곳으로 물질이 이동하는 것을 무엇이라고 하는가?

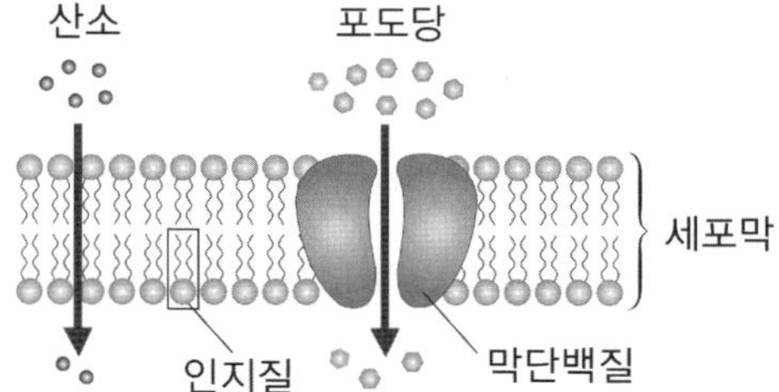

① 물질대사　　　　② 확산

③ 스펙트럼　　　　④ 전사

24. 생물 다양성 중 다음 설명과 관련된 것은?

> - 사람마다 눈동자 색이 다르다.
> - 이것이 높을수록 급격한 환경 변화에 살아남을 가능성이 높다.
> - 같은 생물 종이라도 서로 다른 유전자를 가지고 있어 다양한 형질이 나타난다.

① 자연 선택　　　　② 사막화

③ 유전적 다양성　　④ 생태계 평형

25. 그림은 별의 내부에서 생성되는 원소를 적색 거성과 초거성으로 구분하여 나타낸 것이다. 질량이 태양 정도인 별의 내부에서 생성되지 <u>않는</u> 원소는?

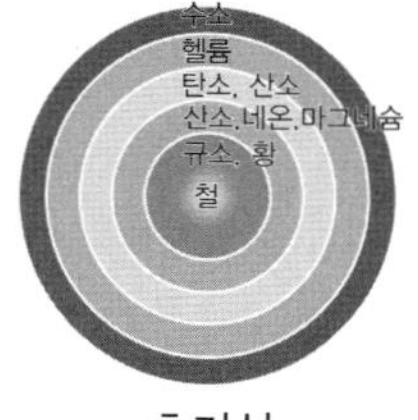

① 탄소　　　　② 헬륨

③ 우라늄　　　④ 산소

제 ⑥ 교시　　한국사

1. 다음 유물을 사용한 시대에 대한 설명으로 옳지 <u>않은</u> 것은?

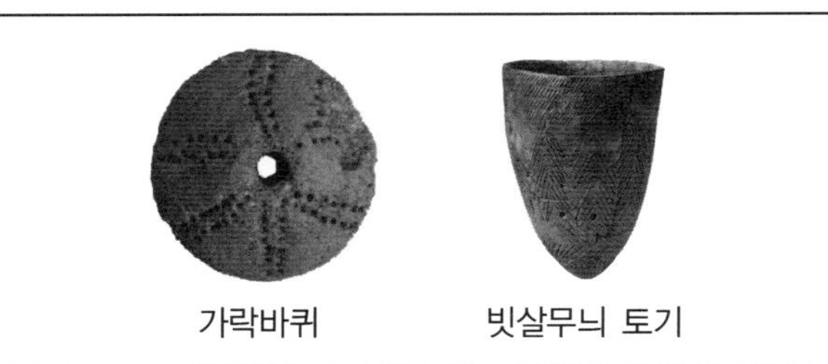

① 농경과 목축을 시작하였다.
② 돌을 갈아서 만든 간석기를 사용하였다.
③ 태양이나 특정 동물, 영혼 등을 숭배하였다.
④ 계급이 형성되어 지배층과 피지배층으로 나누어졌다.

2. 다음의 세 가지 유물을 통해 탐구할 수 있는 가장 적절한 주제는?

- 비파형 동검
- 미송리식 토기
- 탁자식 고인돌

① 고조선의 문화 지역
② 백제와 왜의 활발한 교류
③ 고구려 문화를 계승한 발해
④ 임진왜란을 계기로 일본에 전파된 조선 문화

3. ㉠, ㉡에 들어갈 말로 옳은 것은?

　　고려 성종은 유교를 국가 통치의 근본 사상으로 삼아 개경에는 (㉠)을 세우고, 지방에는 (㉡)을/를 세워 유교 교육을 실시하였다.

① 태학, 향교　　　　② 성균관, 서당
③ 국자감, 향교　　　④ 국자감, 서당

4. 다음 사료와 가장 관련이 깊은 것은?

　　우리나라가 바로 고구려의 옛 땅이기 때문에, 국호를 고려라 하였다. …… 사신이 오고 가지 않는 것은 여진 때문이니, 만약 여진을 쫓아내고 우리의 옛 영토를 돌려준다면, 어찌 감히 외교를 잘 하지 않겠는가?
　　　　　　　　　　　　　　　　　　－『고려사』－

① 삼별초의 항쟁
② 서희의 외교 담판
③ 인조의 친명배금
④ 을지문덕의 살수 대첩

5. 아래 힌트에서 설명하는 조선 시대 정치 기구는?

역사 연상퀴즈	
힌트 1	언론 기관이다.
힌트 2	권력의 독점을 막기 위해 설치하였다.
힌트 3	관리들의 부정을 막기 위해 설치하였다.

① 3사　　　　　　　② 의정부
③ 의금부　　　　　　④ 춘추관

6. 다음 중 조광조에 대한 설명으로 옳은 것은?

　ㄱ. 현량과를 실시하였다.
　ㄴ. 시무 28조의 개혁안을 제안했다.
　ㄷ. 기묘사화 때 훈구파에 의해 숙청되었다.
　ㄹ. 재상 중심의 정치를 주장하여 이방원과 갈등을 빚었다.

① ㄱ, ㄴ　　　　　　② ㄱ, ㄷ
③ ㄴ, ㄹ　　　　　　④ ㄷ, ㄹ

7. 다음 사건과 관련된 내용으로 옳은 것은?

> 1866년 미국의 상선이 평양 가까이 다가와 통상을 요구하며 행패를 부리자 평양의 주민들이 상선을 불태워 침몰시켰다. 미국은 이를 구실로 강화도를 침략하였다.

① 척화비 건립에 영향을 주었다.
② 명량 대첩에서 이들을 격파하였다.
③ 인조는 남한산성으로 피란하였다.
④ 외규장각에 보관 중이던 서적들을 약탈하였다.

8. 밑줄 친 부분에 해당하는 강화도 조약의 내용을 고르면?

> 강화도 조약은 우리나라가 외국과 맺은 최초의 근대적 조약이었으나, 불평등 조약이었다.

① 외교권을 빼앗겼다.
② 치외 법권을 인정하였다.
③ 고종을 강제로 퇴위시켰다.
④ 일제에게 국권을 강탈당했다.

9. 다음은 어떤 사건의 발생 일지이다. 이 사건은 무엇인가?

연도	사건
18**	선혜청 습격, 민겸호 집 방화, 별기군 공격
18**	창덕궁 습격, 정부 고관 살해, 왕비의 대궐 탈출, 흥선 대원군 재집권
18**	청군 개입
18**	흥선 대원군, 청에 압송

① 임오군란　　　　② 갑신정변
③ 청산리 대첩　　　④ 홍경래의 난

10. 동학 농민 운동 시기에 설치된 밑줄 친 개혁 기구는?

> 물음 : 정부와 화약을 체결한 이유는 무엇인가?
> 답 : 청과 일본의 군대를 철수시키기 위함이었다.
> 물음 : 정부와 휴전을 한 다음에 전라도 일대에서 무슨 일을 하였는가?
> 답 : 자치적인 기구를 만들어 개혁을 추진하려 하였다.

① 집강소　　　　　② 비변사
③ 군국기무처　　　④ 삼정이정청

11. 다음 개혁이 추진된 시기로 바른 것은?

> • 구본신참 원칙
> • 대한국 국제 제정
> • 지계 발급

1876	1884	1894	1897	
	(가)	(나)	(다)	(라)
강화도 조약	갑신 정변	동학 농민 운동	대한 제국 수립	

① (가)　　　　　　② (나)
③ (다)　　　　　　④ (라)

12. 신민회의 활동으로 옳은 것은?

① 한국광복군을 창설하였다.
② 신흥 학교를 세워 독립군을 양성하였다.
③ 헌의 6조를 채택하여 고종에게 건의하였다.
④ 일제의 황무지 개간권 요구에 반대하는 운동을 벌였다.

13. 독도가 우리의 영토임을 증명해 주는 것은?

① 백두산 정계비
② 북한산 순수비
③ 광개토 대왕릉비
④ 대한 제국 칙령 제41호

14. (가) 시기 일제의 식민 통치 방식으로 옳은 것은?

	(가)	
1910 국권 강탈		3 · 1 운동

> ㄱ. 공출과 식량 배급
> ㄴ. 황국 신민 서사 암송을 강요
> ㄷ. 헌병 경찰을 앞세운 무단 통치 실시
> ㄹ. 언론 · 출판 · 집회 · 결사의 일체 금지

① ㄱ, ㄴ　　　　　② ㄱ, ㄷ
③ ㄴ, ㄹ　　　　　④ ㄷ, ㄹ

15. ㉠~㉣에 들어갈 말로 옳지 <u>않은</u> 것은?

> 　3 · 1 운동을 전후하여 국내외 여러 지역에서 임시 정부가 수립되었다. 이후 여러 임시 정부를 하나로 통합하기 위한 논의가 일어났고, 그 결과 한성 정부를 계승한 대한민국 임시 정부가 출범하였다. 임시 정부는 (　㉠　)을/를 채택하였으며, 대통령에 (　㉡　), 국무총리에 이동휘를 선출하였다. 이로써 우리나라 최초로 (　㉢　)에 기초한 (　㉣　) 정부가 출범하였다.

① ㉠ – 대통령 중심제
② ㉡ – 김구
③ ㉢ – 삼권 분립
④ ㉣ – 민주 공화제

16. 자료와 관련된 민족 운동에 대한 설명으로 옳은 것은?

① 물산 장려 운동을 일으켰다.
② 암태도 소작 쟁의를 일으켰다.
③ 한글을 보급하고 계몽 활동을 전개하였다.
④ 광주 학생 항일 운동에 진상 조사단을 파견하였다.

17. 다음에서 설명하는 단체는?

> **○○○ 강령**
> 1. 우리는 정치, 경제적 각성을 촉구한다.
> 2. 우리는 단결을 공고히 한다.
> 3. 우리는 기회주의를 일체 부인한다.

① 신간회
② 독립 협회
③ 총독부
④ 조선 건국 준비 위원회

18. ㉠에 들어갈 인물로 옳은 것은?

> 　일제는 1920년 대규모 병력을 이끌고 독립군들이 모여 있는 청산리 일대로 쳐들어왔다. (　㉠　)이/가 이끈 북로 군정서군은 대한 독립군을 비롯한 여러 독립군 부대와 연합하여 일본군을 크게 물리쳤다.

① 김구　　　　　　② 김좌진
③ 안중근　　　　　④ 여운형

19. ㉠, ㉡에 들어갈 독립운동 단체를 바르게 나열한 것은?

> 　김원봉은 1938년에는 군사 조직으로 (　㉠　)을/를 창설하였다. 1941년 (　㉠　)은/는 두 세력으로 나뉘었다. 화북으로 이동한 대원들은 사회주의 계열의 독립운동가들과 함께 조선 독립 동맹을 조직하였고, 김원봉을 비롯한 일부 대원들은 (　㉡　)에 합류하였다.

	㉠	㉡
①	한국 독립군	한국광복군
②	조선 의용대	한국광복군
③	조선 의용대	한국 독립군
④	북로군정서군	한국 독립군

20. 다음과 같은 발언을 남긴 인물에 대한 설명으로 옳은 것은?

> 　"나는 38도선을 베고 쓰러질지언정 단독 정부를 세우는 데는 협력하지 않겠다."

① 평민 출신으로 을사의병을 이끌었다.
② 대한민국 초대 대통령으로 선출되었다.
③ 김규식과 함께 남북 협상을 추진하였다.
④ 광복과 동시에 조선 건국 준비 위원회를 결성하였다.

21. 대한민국의 농지 개혁에 대한 설명으로 옳은 것은?
① 박정희 정부가 추진하였다.
② 무상 몰수 · 무상 분배를 원칙으로 하였다.
③ 농지 개혁의 결과 자영농이 증가하였다.
④ 개혁을 위해 '반민족 행위 처벌법'을 제정하였다.

22. ㉠에 들어갈 내용으로 가장 적절한 것은?

> 6·25 전쟁 초기, 국군은 북한군에 밀려 낙동강 유역까지 후퇴하였다. 그러나 유엔군 파견 이후 (㉠) 전세를 뒤집은 뒤 압록강 유역까지 진격하였다.

① 애치슨 선언으로
② 1·4 후퇴를 겪으면서
③ 인천 상륙 작전에 성공하여
④ 7·4 남북 공동 선언에 합의하여

23. (가), (나)에 해당하는 사건으로 옳은 것은?

	이승만 정부		장면 내각		박정희 정부	
		(가)		(나)		

	(가)	(나)
①	4·19 혁명	5·16 군사 정변
②	4·19 혁명	6월 민주 항쟁
③	6월 민주 항쟁	5·16 군사 정변
④	5·16 군사 정변	4·19 혁명

24. ㉠에 들어갈 정치 체제는?

> 이승만 정부가 무너진 후 (㉠)를 골자로 하는 헌법 개정이 이루어졌다. 이에 따라 시행된 총선거에서 민주당이 국회에서 다수당이 되었으며 장면을 국무총리로 하는 정부가 출범하였다.

① 대통령제   ② 전제 정치
③ 입헌군주제   ④ 내각 책임제

25. 다음 선언의 계기가 된 사건에 대한 설명으로 옳은 것은?

> 첫째, 여야 합의하에 조속히 대통령 직선제 개헌을 하고 새 헌법에 의해 대통령 선거로 1988년 2월 평화적 정부 이양을 실현토록 하겠습니다.

① 신탁 통치안이 논의되었다.
② 신군부가 정권을 장악했다.
③ 아관 파천 직후에 발표되었다.
④ 박종철의 사망으로 분노한 학생과 시민의 시위가 전국적으로 확산되었다.

제 ⑦ 교시 도 덕

1. 다음 설명에 해당하는 윤리학은?

> 도덕적 언어의 논리적 타당성과 그 의미를 분석하는 윤리학

① 규범 윤리학 ② 기술 윤리학
③ 메타 윤리학 ④ 실천 윤리학

2. 칸트(Kant, I.)의 의무론에 대한 설명으로 옳지 <u>않은</u> 것은?

① 정언 명령의 형식을 중시한다.
② 행위의 결과보다 동기를 중시한다.
③ 유용성의 원리에 따른 행동을 중시한다.
④ 의무 의식과 선의지에 근거한 행동을 중시한다.

3. 덕(德) 윤리에 대한 설명으로 옳지 <u>않은</u> 것은?

① 도덕적 실천 가능성을 강조한다.
② 공동체의 전통과 역사를 중시한다.
③ 행위자의 성품과 덕성을 중시한다.
④ 도덕 원리에 따른 행위의 평가를 강조한다.

4. 다음 설명에 해당하는 동양 윤리로 옳은 것은?

> • 이상적 인간상으로 군자(君子) 또는 성인(聖人)을 제시함.
> • 효제(孝悌)와 충서(忠恕)의 실천을 강조함.

① 유교 ② 불교
③ 도가 ④ 법가

5. ㉠~㉢에 들어갈 내용으로 옳은 것은?

> • (㉠) : 타인의 인권을 침해하는 행위는 옳지 않다.
> • (㉡) : 폭력은 타인의 인권을 침해하는 행위이다.
> • (㉢) : 폭력은 옳지 않다.

	㉠	㉡	㉢
①	도덕 원리	사실 판단	도덕 판단
②	도덕 판단	도덕 원리	사실 판단
③	사실 판단	도덕 판단	도덕 원리
④	도덕 원리	도덕 판단	사실 판단

6. 다음 설명에 해당하는 것은?

> 자신이 가진 인간관, 가치관, 세계관 등을 전체적으로 검토하고 반성하는 과정

① 합리적 추론 ② 비판적 사고
③ 윤리적 성찰 ④ 도덕적 동기

7. ㉠의 입장으로 옳은 것은?

주제 : 인공 임신 중절의 찬반 논쟁	
찬성	반대
	㉠

① 태아는 완전한 인간으로 볼 수 없다.
② 임신부는 태아에 대한 권리를 갖는다.
③ 태아를 비롯한 모든 인간은 존엄하다.
④ 여성은 자신의 삶을 자율적으로 결정할 권리를 갖는다.

8. 종교 갈등의 극복 방안으로 옳지 <u>않은</u> 것은?

① 대화와 협력을 통해 갈등을 해결한다.
② 타 종교에 대한 관용적인 태도를 가진다.
③ 타 종교에 대한 이해와 존중의 자세를 가진다.
④ 자신의 종교 교리를 중심으로 배타적인 태도를 가진다.

9. ㉠에 들어갈 용어로 적절한 것은?

> **프롬(Fromm, E.) 사랑의 4요소**
> | ㉠ | 책임 | 이해 | 존경 |
> (㉠)은/는 사랑하는 사람의 성장과 생명에 관심을 가지는 것이다.

① 집착 ② 금욕
③ 보호 ④ 소유

10. 다음 설명에 해당하는 입장으로 옳은 것은?

> 결혼을 하지 않아도 사랑을 한다면 성적 행위가 허용된다고 본다.

① 보수주의 ② 중도주의
③ 자유주의 ④ 도덕주의

11. 환경적으로 지속 가능한 발전의 실현 방안으로 적절하지 <u>않은</u> 것은?
① 환경 친화적 소비 생활
② 경제 성장과 환경 보전의 조화 추구
③ 환경 문제에 대한 국제 협력 체제 구축
④ 자연의 자정 능력을 넘어서는 무한 개발

12. 다음 사례에서 발생한 지식 정보 사회의 윤리적 문제는?

> 최근 영화가 극장에 상영되기 전에 불법으로 영화 파일을 공유하는 문제로 인해 제작사가 큰 피해를 보고 있다.

① 익명성 ② 악성 댓글
③ 정보 격차 ④ 저작권 침해

13. 다음에서 소개하는 윤리 사상가는?

> ◈ **도덕 인물 카드** ◈
> • 동물 중심주의 사상가
> • 공리주의 사상에 입각해 「동물 해방」이라는 논문 저술
> • 동물을 차별하는 것은 인종 차별, 성차별과 같다고 주장

① 싱어 ② 베이컨
③ 데카르트 ④ 슈바이처

14. 불공정한 분배로 인한 문제점에 해당하는 것은?
① 개인의 기본권 향상
② 사회에 대한 불신 해소
③ 다양한 사회적 갈등 유발
④ 공동체 발전에 대한 높은 관심

15. 롤스가 제시한 정의의 원칙 중 다음과 관련 깊은 것은?

> • 지하철의 임산부석
> • 장애인 전용 주차 구역

① 차등의 원칙 ② 경쟁의 원칙
③ 공감의 원칙 ④ 다수결의 원칙

16. 다음 설명에 해당하는 것은?

> 이것은 정의롭지 않은 사회 제도를 의도적으로 거부하는 시민 저항 운동이다. 간디의 비폭력 저항과 마틴 루서 킹의 흑인 인권 운동이 이에 해당한다.

① 협동 조합 ② 노동 운동
③ 시민 불복종 ④ 난민 구호 활동

17. 다음의 직업 윤리를 주장한 사상가는?

> • "임금은 임금다워야 하고 신하는 신하다워야 하며, 부모는 부모다워야 하고 자식은 자식다워야 한다."
> • 자신의 직분에 알맞게 역할에 충실하자는 정명(正名) 사상을 주장했다.

① 공자 ② 순자
③ 칼뱅 ④ 플라톤

18. (㉠)에 공통으로 들어갈 덕목은?

> • (㉠)은 성품과 행실이 높고 맑아 탐욕이 없는 것을 말한다.
> • (㉠)은 수령의 본래 직무로 모든 선의 원천이며 모든 덕의 근본이다.

① 차별 ② 청렴
③ 관용 ④ 독단

19. 사회 윤리에 대한 설명으로 옳지 <u>않은</u> 것은?

① 사회 제도 개선으로 사회 문제를 해결할 수 있다고 본다.

② 사회 문제의 원인을 사회 구조에서 찾을 수 있다고 본다.

③ 개인의 양심에 따라 도덕적인 사회를 만들 수 있다고 본다.

④ 사회가 복잡해지면서 개인이 혼자 해결할 수 없는 문제가 많이 등장하며 필요해졌다.

20. 다음에서 설명하는 개념으로 가장 적절한 것은?

> 보편성, 합리성에 치중한 남성 중심의 정의 윤리를 보완하기 위해 돌봄, 공감, 관계성 등 여성 중심의 덕목을 중시하는 윤리이다.

① 덕 윤리   ② 배려 윤리

③ 보편 윤리   ④ 사회 윤리

21. 사형 제도를 반대하는 주장의 논거로 적절하지 <u>않은</u> 것은?

① 사형은 인간의 생명권과 인간 존엄성을 부정하는 것이다.

② 정치적 반대 세력에 대한 탄압 구도로 악용될 소지가 있다.

③ 오판으로 인해 사형이 집행되더라도 원상회복이 불가능하다.

④ 사회 방위를 위해 극히 유해한 범죄인을 사회로부터 완전히 격리시켜야 한다.

22. 다음과 관련된 다문화 사회의 정책 모델로 옳은 것은?

> 주류 문화의 정체성을 유지하면서 비주류 문화의 공존을 인정하지만 비주류 문화를 주류 문화와 동등하게 취급하지 않는다.

① 용광로 이론   ② 국수 대접 이론

③ 샐러드 볼 이론   ④ 차별적 배제 모델

23. 하버마스(Habermas, J.)의 이상적 담화 조건 중 다음과 관련 있는 것은?

> 대화 당사자들은 서로 속이려는 의도 없이 말하는 바를 표현해야 한다.

① 진실성   ② 정당성

③ 진리성   ④ 이해 가능성

24. 해외 원조에 대한 싱어의 입장으로 옳은 것을 〈보기〉에서 모두 고른 것은?

> 〈보기〉
> ㄱ. 원조에 대한 공리주의적 관점이다.
> ㄴ. 원조는 자선 활동의 하나일 뿐이다.
> ㄷ. 원조를 의무의 관점에서 접근해야 한다.
> ㄹ. 빈곤국일지라도 질서 정연하다면 원조를 할 필요가 없다.

① ㄱ, ㄷ   ② ㄴ, ㄹ

③ ㄱ, ㄴ, ㄷ   ④ ㄴ, ㄷ, ㄹ

25. 다음에서 인간 중심주의 윤리의 관점만 'O'를 표시한 학생은?

관점＼학생	A	B	C	D
인간과 동물의 이익을 평등하게 고려해야 한다.	O			
생명을 가진 모든 존재를 목적으로 고려해야 한다.		O		O
이성적 능력을 지닌 인간의 권리를 항상 최우선으로 고려해야 한다.			O	O

① A   ② B

③ C   ④ D

고졸 검정고시

모의고사

검정고시 **합격**의 **기준**을 만듭니다

G 검스타트 www.gumstart.co.kr 📞 1644-7590

신지원

검정고시
1회 모의고사

EBS검정고시 집필진 출제

성명		수험번호	

- 답안지의 해당란에 성명과 과목명, 수험번호를 정확히 기재하세요.
- 이 시험지는 1교시 국어, 2교시 수학, 3교시 영어, 4교시 사회, 5교시 과학, 6교시 한국사, 7교시 도덕(선택 과목)으로 구성되어 있습니다.

구분	과목	시험시간
1교시	국어	09 : 00~09 : 40(40분)
2교시	수학	10 : 00~10 : 40(40분)
3교시	영어	11 : 00~11 : 40(40분)
4교시	사회	12 : 00~12 : 30(30분)
중식(12 : 30~13 : 30)		
5교시	과학	13 : 40~14 : 10(30분)
6교시	한국사	14 : 30~15 : 00(30분)
7교시	도덕(선택 과목)	15 : 20~15 : 50(30분)

※ 이 시험지는 고등학교 졸업학력 검정고시를 대비하기 위한 실전용 모의고사입니다. 실제 시험 방식과는 다소 차이가 있을 수 있습니다.

EBS 검정고시 NO.1
검스타트

제 ① 교시　　국 어

1. 〈보기 1〉은 공감적 듣기에 대한 설명이다. ㉠을 반영하여 〈보기 2〉의 ㉡에 들어갈 내용으로 적절한 것은?

―〈보기 1〉―
　공감적 듣기에는 소극적 들어주기와 적극적 들어주기가 있다. 소극적 들어주기란 상대방이 대화를 계속 진행할 수 있도록 상대방에게 관심을 보이며 격려하는 말하기 방법이다. ㉠ 적극적 들어주기는 상대방의 말을 요약·정리하고 반영하여 상대방이 문제를 스스로 해결할 수 있도록 돕는 방법이다.

―〈보기 2〉―
경준 : 내가 좋아하는 축구 대회에서 상을 받지 못해 너무 속상해.
은수 : ＿＿＿＿＿㉡＿＿＿＿＿

① (걱정스러운 표정으로) 그랬구나.
② (웃으며) 나는 이번에 시험 성적이 많이 올라서 너무 행복해.
③ (놀리듯이) 노력이 부족했던 거 아냐?
④ (고개를 끄덕이며) 좋아하는 분야에서 상을 받지 못했으니 정말 속상했겠다.

2. 〈보기 1〉을 읽고 〈보기 2〉의 ㉠에 들어갈 말로 가장 적절한 것은?

―〈보기 1〉―
겸양의 격률 : 자기 자신에 대한 칭찬은 최소화하고 자신에 대한 비방을 극대화하는 것

―〈보기 2〉―
선생님 : 교내 글짓기 대회 최우수상 수상을 정말 축하한다.
학생 : ＿＿＿＿＿㉠＿＿＿＿＿

① 그동안 정말 노력했는데, 그 보상을 받은 것 같아요.
② 당연한 결과라고 생각해요.
③ 많이 부족한 저에게 큰 상을 주셔서 정말 감사합니다.
④ 대상이 아니라니 기분이 나쁘네요.

3. 다음 중 동일한 음운 변동 현상이 나타나지 <u>않은</u> 것은?
① 굳이　　　　② 같이
③ 닫히다　　　④ 밥물

4. 다음 중 객체 높임이 나타나 있는 문장은?
① 아버지께서 기차를 타셨다.
② 나는 할아버지를 모시고 집으로 갔다.
③ 선정아, 어서 방을 치우도록 해라.
④ 선생님께서는 학생들을 사랑하신다.

[5~6] 다음 글을 읽고 물음에 답하시오.

　㉠ 최근 우리 학교에서는 '채식하는 날' 도입 여부에 대한 논의가 활발하게 진행 중이다. 나는 '채식하는 날'을 도입해야 한다고 생각한다. 먼저, '채식하는 날'이 도입되면 학생들의 채소류 섭취가 늘 것이다. ㉡ 채소 섭취를 통해 몸도 건강해지고 식습관도 개선될 수 있다. 다음으로, '채식하는 날'이 도입되면 육류 소비 과정에서 발생하는 온실가스의 배출을 줄여 지구의 기후 위기를 막으려는 노력에 동참할 수 있다. ㉢ 또한 반려 동물에 대한 인식 향상에 도움이 될 것이다. 통계에 따르면 현재 전 세계 온실가스 배출원 중에서 축산 분야가 가장 높은 비율을 차지한다고 한다. 다시 말해 ㉣ 육류 소비를 적게 하면 온실가스 배출을 줄이는 데 기여하는 셈이라고 할 수 있다. 따라서 '채식하는 날'이 도입되면 건강에 도움이 될 뿐만 아니라 기후 위기를 막는 데도 기여하게 될 것이다.

[A]
　그러므로 나는 우리 학교에서도 '채식하는 날'을 도입하여 학생들이 육류 위주의 식습관을 버리고 채소류 위주의 식습관을 형성하도록 이끌어야 한다고 생각한다.

5. ㉠~㉣ 중 통일성을 고려할 때 삭제해야 하는 문장은?
① ㉠　　　　② ㉡
③ ㉢　　　　④ ㉣

6. 〈보기〉는 다음은 선생님의 조언이다. 〈보기〉를 반영하여 [A]를 수정하기 위한 구상으로 가장 적절한 것은?

〈보기〉

선생님 : '채식하는 날'의 도입 목적을 잘못 이해하고 글을 써서 읽는 사람이 오해할 수 있어요. 학교 급식은 곡류, 육류, 채소류 등을 다양하게 제공하여 학생들의 건강에 필요한 영양소를 골고루 충족시키는 것을 목적으로 하는데, '채식하는 날'의 도입 목적도 이와 다르지 않아요. 이러한 점을 고려하여 마지막 문장을 수정해야 해요.

① '채식하는 날'의 도입 목적은 육류 음식보다 채소류 음식이 학생들의 건강에 더 도움이 된다는 사실을 알리는 내용으로 수정해야겠군.
② '채식하는 날'의 도입 목적은 육류를 먹지 말자는 것이 아니라 채소류 음식을 접할 기회를 늘려 영양소를 균형 있게 섭취하게 하는 데 있다는 내용으로 수정해야겠군.
③ '채식하는 날'의 도입 목적은 채소류 음식만으로 필요한 영양소를 모두 충족할 수 있음을 알려 채소류 위주의 식습관을 형성하는 데 있다는 내용으로 수정해야겠군.
④ '채식하는 날'의 도입 목적은 채소류 위주의 식습관 형성이 기후 위기 방지에 기여한다는 점을 알리는 데 있다는 내용으로 수정해야겠군.

7. 다음 문장에 대한 설명으로 옳지 <u>않은</u> 것은?

㉠ 엄마가 아이를 업었다.
㉡ 아이가 엄마에게 업혔다.

① ㉠은 능동문에 해당한다.
② ㉠의 목적어가 ㉡의 주어가 되었다.
③ ㉡은 접미사 '-이'를 사용하였다.
④ ㉡은 피동문이다.

[8~10] 다음 글을 읽고 물음에 답하시오.

모란이 피기까지는
나는 아직 나의 봄을 기둘리고 있을 테요
모란이 뚝뚝 떨어져 버린 날
나는 비로소 봄을 여읜 설움에 잠길 테요
오월 ⓐ 어느 날 그 하루 무덥던 날
㉠ 떨어져 누운 꽃잎마저 시들어 버리고는
천지에 모란은 자취도 없어지고
뻗쳐오르던 ㉡ 내 보람 서운케 무너졌느니
㉢ 모란이 지고 말면 그뿐 내 한 해는 다 가고 말아
ⓑ 삼백예순 날 하냥 섭섭해 우옵네다
모란이 피기까지는
나는 아직 기둘리고 있을 테요 ㉣ 찬란한 슬픔의 봄을
　　　　　　　　　　　　　　　－ 김영랑, 「모란이 피기까지는」 －

8. 윗글에 대한 설명으로 적절하지 <u>않은</u> 것은?
① 색채어를 활용하여 대상의 불변성을 부각하고 있다.
② 변형된 수미상관의 구조를 통해 시의 주제를 강조하고 있다.
③ 도치법을 사용해 화자의 간절한 심정을 나타내고 있다.
④ 음성 상징어를 통해 대상의 움직임에서 느끼는 인상을 드러내고 있다.

9. 〈보기〉를 참고하여 ㉠~㉣ 중 이와 같은 표현 방법이 사용된 것은?

〈보기〉

표면적으로는 모순되거나 부조리한 것 같지만 그 표면적인 진술 너머에서 진실을 드러낸다.

① ㉠　　　　　　　　　② ㉡
③ ㉢　　　　　　　　　④ ㉣

10. ⓐ와 ⓑ에 대한 설명으로 적절하지 <u>않은</u> 것은?
① ⓐ는 화자가 봄을 상실하게 되는 시점이다.
② ⓐ와 ⓑ는 모두 대상과의 소통이 확대되는 시간이다.
③ ⓑ는 화자에게 기다림의 시간이다.
④ ⓑ는 서러움과 슬픔의 정감의 깊이를 나타낸다.

11. ㉠~㉣에 대한 설명으로 적절하지 <u>않은</u> 것은?

-『훈민정음』-

① ㉠ : '이유로'로 해석된다.
② ㉡ : '나이가 적다'라는 의미로 사용되었다.
③ ㉢ : 단어의 첫머리에 서로 다른 자음이 올 수 있었다.
④ ㉣ : 이어적기가 나타난다.

[12~14] 다음 글을 읽고 물음에 답하시오.

초시는 이날 저녁에 박희완 영감에게서 들은 이야기를 딸
에게 하였다. 실패는 했을지라도 그래도 십수 년을 상업계
에서 논 안 초시라 출자(出資)를 권유하는 수작만은 딸이 듣
기에도 딴사람인 듯 놀라웠다. 딸은 즉석에서는 가부를 말
하지 않았으나 그의 머릿속에서도 이내 잊혀지지는 않았던
지 다음 날 아침에는, ㉠ <u>딸 편이 먼저 이 이야기를 다시 꺼
내었고, 초시가 박희완 영감에게 묻던 이상을 시시콜콜히
캐어물었다.</u> (중략) ㉡ <u>딸은 아버지의 손에 단 1전도 넣지
않았고 꼭 그 청년이 나서 돈을 쓰며 처리하게 하였다.</u> 처
음에는 팩 나오는 노염을 참을 수가 없었으나 며칠 밤을 지
내고 나니, 적어도 3천 원의 순이익이 오륙만 원은 될 것이
라, 만 원 하나야 어디로 가랴 하는 타협이 생기어서 안 초
시는 으슬으슬 그, 이를테면 사위 녀석 격인 청년의 뒤를 따
라나섰다.

㉢ <u>1년이 지났다. 모두 꿈이었다. 꿈이라도 너무
악한 꿈이었다.</u> 3천 원어치 땅을 사 놓고 날마다 신문
을 훑어보며 수소문을 하여도 거기는 축항이 된단 말
이 신문에도, 소문에도 나지 않았다. 용당포(龍塘浦)
와 다사도(多獅島)에는 땅값이 30배가 올랐느니 50배
가 올랐느니 하고 졸부들이 생겼다는 소문이 있어도
여기는 감감소식일 뿐 아니라 나중에, 역시, 이것도
박희완 영감을 통해 알고 보니 그 관변 모 씨에게 박
희완 영감부터 속아 떨어진 것이었다. 축항 후보지로
측량까지 하기는 하였으나 무슨 결점으로인지 중지되
고 마는 바람에 너무 기민하게 거기다 땅을 샀던, 그
모 씨가 그 땅 처치에 곤란하여 꾸민 연극이었다.

[A]

돈을 쓸 때는 1원짜리 한 장 만져도 못 봤지만 벼락은 초

시에게 떨어졌다. ㉣ <u>서너 끼씩 굶어도 밥 먹을 정신이 나
지도 않았거니와 밥을 먹으러 들어갈 수도 없었다.</u>
"재물이란 친자 간의 의리도 배추 밑 도리듯 하는 건가?"
탄식할 뿐이었다. 밥보다는 술과 담배가 그리웠다. 물론
안경다리는 그저 못 고치었다. 그러나 이제는 50전짜리는
커녕 단 10전짜리도 얻어 볼 길이 없다. 추석 가까운 날씨
는 해마다의 그때와 같이 맑았다. 하늘은 천 리같이 트였는
데 조각구름들이 여기저기 널리었다. 어떤 구름은 깨끗이
바래 말린 옥양목처럼 흰빛이 눈이 부시다. 안 초시는 이번
에도 자기의 때 묻은 적삼 생각이 났다. 그러나 이번에는
소매 끝을 불거나 떨지는 않았다. 고요히 흘러내리는 눈물
을 그 더러운 소매로 닦았을 뿐이다.

- 이태준, 「복덕방」 -

12. 윗글을 통해 알 수 있는 사실이 <u>아닌</u> 것은?
① 박희완 영감은 관변 모 씨와 함께 안 초시를 속일
계획을 세웠다.
② 안 초시는 딸이 부동산 투기에 성공하면 이익의 일
부를 자신에게 줄 것이라 생각했다.
③ 안 초시는 딸에게 부동산 투기를 권해 딸의 재산을
날렸다.
④ 물질적 손해를 본 안 초시의 딸은 안 초시를 구박하
고 있다.

13. ㉠~㉣에 대한 설명으로 적절하지 <u>않은</u> 것은?
① ㉠ : 안 초시가 전해 준 이야기에 적극적으로 관심
을 보이는 딸의 모습이 드러나 있다.
② ㉡ : 안 초시를 믿지 못하는 딸의 심리가 드러나 있다.
③ ㉢ : 안 초시의 부동산 투기가 실패로 끝났음을 알
수 있다.
④ ㉣ : 자신의 전 재산을 날린 안 초시가 밥조차 먹지
못할 정도로 궁핍해졌음을 나타낸다.

14. [A]에 대한 설명으로 가장 적절한 것은?
① [A]는 배경 묘사를 통해 인물의 처지를 드러내고 있다.
② [A]는 요약적 서술을 통해 사건의 전모가 드러나고
있다.
③ [A]는 작품 밖 서술자가 앞으로 전개될 사건을 예측
하고 있다.
④ [A]는 상징적인 소재를 통해 사건의 의미를 드러내
고 있다.

> 어져 내 일이야 그릴 줄은 모르더냐
> 이시라 하더면 가랴마는 ㉠ 제 구태야
> 보내고 그리는 정은 나도 몰라 하노라
>
> − 황진이 −

15. 윗글의 화자와 관련된 설명으로 옳지 <u>않은</u> 것은?

① 화자의 정서가 드러나 있다.

② 자존심과 연정 사이에서 갈등하고 있다.

③ 이별한 임을 원망하고 있다.

④ 대상의 부재 속에서 그리움을 드러내고 있다.

16. 〈보기〉에 들어갈 말을 순서대로 짝지은 것은?

〈보기〉

㉠은 '제 구태야 가랴마는'의 도치로 볼 수도 있고, '제 구태야 보내고 그리는 정은 나도 몰라 하노라'의 행간 걸침으로 볼 수도 있다. 도치로 볼 경우 '제'는 [A]이고, 행간 걸침으로 보면 [B]가 된다. 이렇게 [C]으로 해석될 수 있도록 시구를 배치한 것은 이별은 어쩔 수 없는 일이었는데 그 책임을 따져서 무엇하겠느냐는 의미를 함축한다고 볼 수 있다.

	[A]	[B]	[C]
①	임	화자	중의적
②	임	화자	역설적
③	화자	임	반어적
④	화자	임	중의적

[17~19] 다음 글을 읽고 물음에 답하시오.

손[客]이 주옹(舟翁)에게 물었다.

"그대가 배에서 사는데, 고기를 잡는다 하자니 낚시가 없고, 장사를 한다 하자니 팔 것이 없고, 뱃사공 노릇을 한다 하자니 물 가운데만 있어 오고감이 없구려. 변화불측한 물에 조각배 하나를 띄워 가없는 ㉠ 넓은 바다를 헤매다가, 바람 미치고 물결 놀라 돛대는 기울고 노까지 부러지면, 정신과 혼백이 흩어지고 두려움에 싸여 ㉮ 목숨이 지척에 있게 될 것이로다. 이는 지극히 험한 데서 위태로움을 무릅쓰는 일이거늘, 그대는 도리어 이를 즐겨 오래오래 물

에 떠가기만 하고 돌아오지 않으니 무슨 재미인가?"

주옹이 대답했다.

"아아, 그대는 생각하지 못하는가? 대개 사람의 마음이란 변덕스러운 것이어서, ㉡ 평탄한 땅을 디디면 느긋해지고, 험한 지경에 처하면 두려워 조심하는 법이다. 두려워 조심하면 든든하게 살지만, 느긋하면 반드시 흐트러져 위태롭게 되나니, 내 차라리 위험을 딛고서 항상 조심할지언정, 편안한 데 살아 스스로 쓸모없게 되지 않으려 한다. 하물며 내 배는 정해진 꼴이 없이 떠도는 것이니, 혹시 무게가 한쪽에 치우치면 그 모습이 반드시 기울어지게 된다. 왼쪽으로도 오른쪽으로도 기울지 않고, 무겁지도 가볍지도 않게끔 내가 배 한가운데서 평형을 잡아야만 기울어지지도 뒤집히지도 않아 내 배의 평온을 지킬 수 있다. 비록 ㉢ 풍랑이 거세게 인다 한들 편안한 내 마음을 어찌 흔들 수 있겠는가? 또, 무릇 인간 세상이란 한 거대한 물결이요, 인심(人心)이란 ㉣ 한바탕 큰 바람이니, 하잘것없는 내 한 몸이 아득한 그 가운데 떴다 잠겼다 하는 것보다는, 오히려 한 잎 조각배로 만 리의 부슬비 속에 떠 있는 것이 낫지 않은가? 내가 배에서 살면서 세상 사람을 보니, 안전한 때는 후환을 생각지 못하고, 욕심을 부리느라 나중을 돌보지 못하다가, 마침내는 빠지고 뒤집혀 죽는 자가 많다. 그대는 어찌 이를 두려워하지 않고 도리어 나를 위태롭다 하는가?"

− 권근, 「주옹설(舟翁說)」 −

17. 윗글에 대한 설명으로 가장 적절한 것은?

① 점층적 방식을 활용하여 주제를 부각하고 있다.

② 설의적 표현을 활용하여 의미를 강조하고 있다.

③ 반어적 진술을 통해 대상을 비판하고 있다.

④ 미각적 심상을 통해 대상을 예찬하고 있다.

18. ㉠~㉣을 이해한 내용으로 적절하지 <u>않은</u> 것은?

① ㉠ : 변화불측한 특성을 가진 곳으로, '세상 사람들'이 위험하다고 생각하는 공간이다.

② ㉡ : '주옹'이 사는 곳과 대비되는 장소로, '세상 사람들'이 안전하다고 생각하는 공간이다.

③ ㉢ : 조각배의 돛대를 기울게 하고 노를 부러뜨릴 수 있는 바람과 물결로, '주옹'이 위태로움을 느끼는 외적 요인이다.

④ ㉣ : 욕심을 부리는 세상 사람들의 마음을 비유한 것으로, 그들의 삶을 위태롭게 만드는 요인이다.

19. ㉮의 상황을 드러내기에 가장 적절한 한자 성어는?

    ① 유비무환   ② 유유상종

    ③ 입신양명   ④ 백척간두

[20~22] 다음 글을 읽고 물음에 답하시오.

　인간은 집단생활을 하기 때문에 분쟁이 발생할 수밖에 없다. 그래서 문제가 발생하는 것을 예방하거나 문제를 원만히 해결하기 위해 규칙을 만든다. 여러 규칙 중 사회 구성원들의 합의에 따라 만들어지고 강제성을 가진 규칙을 법이라고 한다. 이때 강제성은 공공의 이익을 실현하기 위해 사회 구성원들이 동의할 때만 발휘될 수 있다. 이러한 법은 몇 가지 특징이 있는데 먼저 법은 행동의 결과를 중시한다. 왜냐하면 다른 사람이 행동을 평가할 수 있고 그 변화도 확인할 수 있어야 하기 때문이다. 그리고 법은 국민의 자유와 권리를 보호한다. 만약 법이 없다면 권력자나 국가 기관이 멋대로 권력을 휘두를 수 있을 것이다. 마지막으로 법은 최소한의 간섭만 한다. 개인이 처리해도 되는 일까지 법이 간섭한다면 사람들은 숨이 막혀 평온하게 살기 힘들 것이다.

　대표적인 법에는 ㉠ 민법과 형법이 있다. 민법은 국가 기관이 아닌, 사람들 간의 권리 관계를 다루는 법률로서 재산 관계와 가족 관계로 구성되어 있다. 근대 사회에서 형성된 민법의 원칙은 오늘날까지도 중요하게 여겨지고 있다. 중요 원칙 중 하나는 개인의 사유 재산에 대해 절대적 지배를 인정하고 국가를 비롯한 단체나 개인은 다른 사람의 사유 재산 행사에 간섭하지 못한다는 것이다. 그리고 다른 사람에게 끼친 손해는 그 행위가 위법이고 동시에 고의나 과실에 의한 경우에만 책임을 진다는 원칙도 있다. 그런데 이 원칙들은 경제적 강자가 경제적 약자를 지배하는 수단으로 악용되기도 하여 20세기에 들면서 제한이 생겼다. 그 결과 개인의 사유 재산에 대한 지배는 여전히 보장되지만 공공복리에 적합하도록 행사해야 한다는 것과 같은 수정된 원칙들이 적용되고 있다. 반면, 형법은 범죄와 형벌을 규정하는 법률로서 ㉡ '죄형법정주의'라는 기본 원칙이 있다. 죄형법정주의는 범죄의 행위와 그 범죄에 대한 처벌을 미리 법률로 정해 두어야 한다는 것이다. 그래서 범죄 발생 당시에는 없었던 법이 나중에 생겨도 그것을 소급해서 적용할 수 없다. 또한 민법과 달리 어떤 사항을 직접 규정한 법규가 없을 때, 그와 비슷한 사항을 규정한 법규를 유추하여 적용할 수도 없다.

20. 법에 관한 설명으로 적절하지 <u>않은</u> 것은?

    ① 문제가 발생하는 것을 예방하기 위해 사회 구성원의 합의에 따라 만들어진다.

    ② 권력자의 권력 행사를 제한하여 국민들의 자유와 권리를 지키는 역할을 한다.

    ③ 법의 간섭이 지나치게 커지게 되면 개인이 삶을 평온하게 유지하기 힘들 것이다.

    ④ 목적이 공익과 무관하더라도 사회 구성원의 동의가 있다면 강제성이 발휘될 수 있다.

21. ㉠에 대한 설명으로 적절하지 <u>않은</u> 것은?

    ① 민법의 원칙들이 경제적 강자가 경제적 약자를 지배하는 수단으로 악용되기도 하였다.

    ② 국가 기관이 아닌 사람들 간의 권리 관계에 문제가 생겼을 경우 적용한다.

    ③ 위법한 행위가 발생했을 때 의도적으로 잘못을 한 경우에만 책임을 물을 수 있다.

    ④ 20세기에 들면서 공공복리에 적합하지 않을 경우 개인의 재산권 행사를 제한할 수 있게 되었다.

22. ㉡과 관련 있는 말로 적절한 것은?

    ① 착한 사람은 법이 필요 없다.

    ② 도둑이 없으면 법도 쓸데없다.

    ③ 법의 형태가 아닌 그 정신이 정의를 살아있게 한다.

    ④ 법률이 없으면 범죄도 없고 형벌도 없다.

[23~25] 다음 글을 읽고 물음에 답하시오.

　중국 역사에서 전국 시대는 전쟁으로 점철된 시대였다. 여러 사상가들이 혼란한 정국을 수습하고 백성들을 고통에서 벗어나게 하기 위한 대안을 마련하였는데, 이 과정에서 그들의 이론을 뒷받침할 형이상학적 체계로서의 인성론이 대두되었다. 인성론은, 인간의 본성은 선하다는 성선설, 인간의 본성이 악하다는 성악설, 인간의 본성에는 애초에 선과 악이라는 구분이 전혀 없다는 성무선악설 등으로 분류될 수 있다. 맹자와 순자를 비롯한 사상가들은 인간 본성에 대한 이론적 탐구에서 더 나아가 사회적·정치적 관점으로 인성론을 구성하고 변형시켜 왔다.

맹자의 성선설이 국가 공권력에 저항하기 위해 호족들 및 지주들이 선한 본성을 갖춘 자신들을 간섭하지 말라는 이념적 논거로 사용되었다면, 순자나 법가의 성악설은 군주가 국가 공권력을 정당화할 때 그 논거로서 사용되었다. 즉 선악이란 윤리적 개념이 정치적 개념과 불가분의 관계에 놓여 있다는 사실을 확인할 수 있다. 성선설에서는 개체가 외부의 강제적인 간섭 없이도 '정치적 질서'를 낳고 유지할 수 있다고 본 반면, 성악설에서는 외부의 간섭이 없을 경우 개체는 '정치적 무질서'를 초래할 뿐인 존재라고 본 것이다.

한편 ㉠ 고자는 성무선악설을 통해 인간이 가지고 있는 식욕과 같은 자연적인 욕구가 본성이므로 이를 정치적이면서 동시에 윤리적인 범주로서의 선과 악의 개념으로 다룰 수 없다고 주장했다. 그는 인간의 본성을 '소용돌이치는 물'로 비유했는데, 이러한 관점은 소용돌이처럼 역동적인 삶의 의지를 지닌 인간을 규격화함으로써 그 역동성을 마비시키려는 일체의 외적 간섭에 저항하는 입장을 취하도록 하였다.

㉡ 맹자는, 인간의 본성을 역동적인 것으로 간주한 고자의 인성론을 비판하였다. 맹자는 살아있는 버드나무와 그것으로 만들어진 나무 술잔의 비유를 통해, 나무 술잔으로 쓰일 수 있는 본성이 이미 버드나무 안에 있다고 보았다. 맹자는 인간이 선천적으로 지닌 이러한 본성을 인의예지 네 가지로 규정하였다. 고통에 빠진 타인을 측은히 여기는 동정심, 즉 측은지심은 인간이라면 누구나 갖고 있다고 보고, 측은한 마음은 인간의 의식적 노력에서 나온 것이 아니라 불쌍한 타인을 목격할 때 저절로 내면 깊은 곳에서 흘러나온다고 본 것이 맹자의 관점이었다.

모든 인간은 선한 본성을 지니고 있고, 이 선한 본성의 실현은 주체 자신의 노력에 의해서만 가능하다는 맹자의 성선설을 순자는 사변적이고 낙관적이며 현실 감각이 결여된 주장으로 보았다. 선한 인간이 되기 위해서 인간은 국가 질서, 학문, 관습 등과 같은 외적인 것에 의존할 필요가 없다고 본 맹자의 논리는 현실 사회에서 국가 공권력과 사회 규범의 역할을 전적으로 부정하는 논거로도 사용될 수 있었기 때문이다. ㉢ 순자의 견해처럼 인간의 본성이 악하다고 전제할 때 그것을 교정하고 순치할 수 있는 외적인 강제력, 다시 말해 국가 권력이나 전통적인 제도들이 부각될 수 있다. 국가 질서와 사회 규범을 정당화하기 위한 순자의 견해는 성악설뿐만 아니라 현실주의적 인간관에서 비롯되었다.

23. 윗글에 대한 설명으로 가장 적절한 것은?

① 인성에 대한 세 견해의 장단점을 비교하고 있다.

② 인성에 대한 두 견해를 제시하며 이를 절충한 이론을 소개하고 있다.

③ 인성론의 등장 배경과 다양한 견해를 소개하고 있다.

④ 인성론이 등장한 시대적 상황을 구체적 자료를 통해 제시하고 있다.

24. [A]를 통해 '인성론'에 대해 이해한 내용으로 가장 적절한 것은?

① 다양한 인성론의 등장으로 사람들이 혼란스러워했다.

② 권력자의 윤리 의식과 통치력이 상반된다고 판단하였다.

③ 정치적 입장을 정당화하는 이념적인 수단으로 사용되었다.

④ 인성을 잘 수양하면 초자연적인 존재가 될 수 있다고 믿었다.

25. ㉠~㉢의 관점에서 〈보기〉를 이해한 것으로 적절하지 <u>않은</u> 것은?

> ─────〈보기〉─────
>
> 가난과 배고픔 때문에 빵을 훔친 장발장은 체포되어 19년 동안 감옥 생활을 한다. 출소한 장발장은 신분증에 전과가 적혀 있어 잠잘 곳도, 일자리도 구할 수 없게 된다. 오직 미리엘 주교만은 이런 그를 따뜻하게 맞아 주었으나, 장발장은 은촛대를 훔치다가 경관에게 붙잡힌다. 하지만 미리엘 주교는 은촛대는 장발장이 훔친 것이 아니라 선물로 준 것이라고 말하며 사랑을 베풀어 주었고, 이에 감동받은 장발장은 정체를 숨기고 선행을 베풀며 살아간다.

① ㉠ : 장발장이 배가 고파 빵을 먹고 싶은 것은 인간의 자연스러운 욕구에서 비롯된 것으로 이해할 수 있다.

② ㉠ : 미리엘 주교가 은촛대를 장발장에게 준 선물이라고 말한 것은 역동적 삶의 의지를 규격화하려는 행위로 볼 수 있다.

③ ㉡ : 미리엘 주교가 장발장에게 편히 쉴 곳을 마련해 준 것은 불쌍한 사람을 측은히 여기는 마음에 따른 것으로 이해할 수 있다.

④ ㉢ : 장발장이 체포되어 수감된 것은 본성을 바로잡기 위한 사회 규범에 의거한 것으로 볼 수 있다.

제 ② 교시　　　수　학

1. 두 다항식 $A = 2x^2 - x + 4$, $B = 2x + 3$에 대하여 $A - B$ 는?

① $2x^2 + x + 1$

② $2x^2 - 3x + 7$

③ $2x^2 - x + 7$

④ $2x^2 - 3x + 1$

2. 등식 $2x^2 + ax - 2 = 2(x+1)(x-1)$이 x에 대한 항등식일 때, 상수 a의 값은?

① 0　　　　　② 1

③ 2　　　　　④ 3

3. 다항식 $x^3 + x^2 - ax + 3$이 $x + 1$로 나누어떨어질 때, 상수 a의 값은?

① -3　　　　② -2

③ -1　　　　④ 1

4. 다항식 $x^3 + 8$을 인수분해한 식이 $(x+a)(x^2 - 2x + 4)$일 때, 상수 a의 값은?

① 2　　　　　② 3

③ 4　　　　　④ 5

5. $1 + i + (1 + 3i) = 2 + ai$일 때, 실수 a의 값은? (단, $i = \sqrt{-1}$)

① 1　　　　　② 2

③ 3　　　　　④ 4

6. 두 수 -1, 7을 근으로 하고 x^2의 계수가 1인 이차방정식이 $x^2 - ax - 7 = 0$일 때, 상수 a의 값은?

① 3　　　　　② 5

③ 6　　　　　④ 7

7. $0 \le x \le 3$에서 이차함수 $y = -(x-1)^2 + 4$의 최댓값과 최솟값의 합을 구하면?

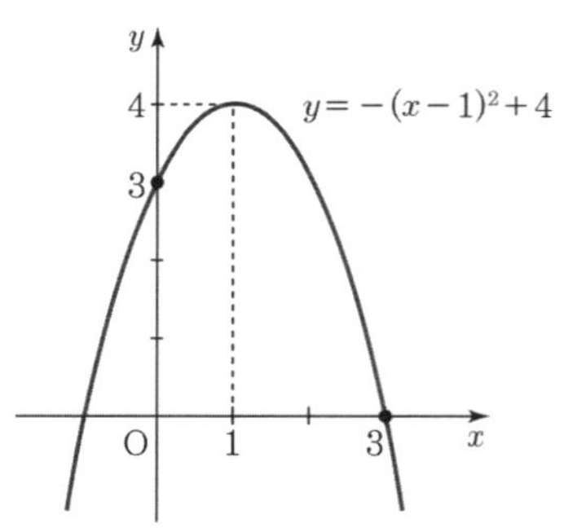

① 2　　　　　② 3

③ 4　　　　　④ 5

8. 사차방정식 $x^4 - x^2 + ax + 3 = 0$의 한 근이 -1일 때, 상수 a의 값은?

① 2　　　　　② 3

③ 4　　　　　④ 5

9. 연립방정식 $\begin{cases} x+y=3 \\ x^2-y^2=a \end{cases}$ 의 해가 $x=2$, $y=b$일 때,
두 상수 a, b에 대하여 $a+b$의 값은?

① 2   ② 3

③ 4   ④ 5

10. 부등식 $|x-1|>4$의 해를 수직선 위에 나타낼 때, a
에 알맞은 수는?

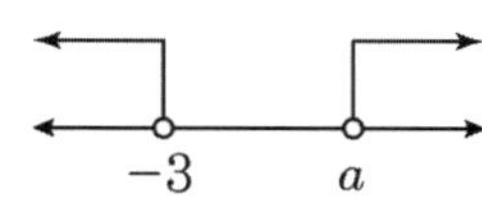

① 2   ② 3

③ 4   ④ 5

11. 수직선 위의 두 점 $A(-3)$, $B(1)$에 대하여 선분 AB
를 $3:1$로 내분하는 점 $P(x)$의 좌표는?

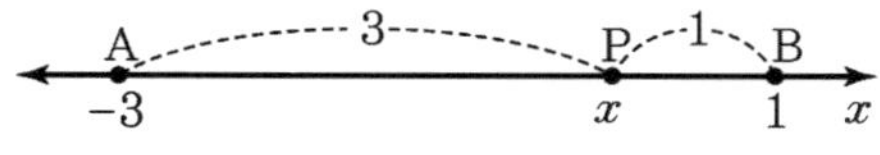

① 0   ② 2

③ -2 ④ -4

12. 좌표평면 위의 두 점 $(5, -3)$, $(3, 1)$을 지나는 직선의
방정식은?

① $y=-2x+7$

② $y=-2x-1$

③ $y=2x+1$

④ $y=2x+3$

13. 중심이 점 $(-3, -4)$이고 반지름의 길이가 5인 원의
방정식은?

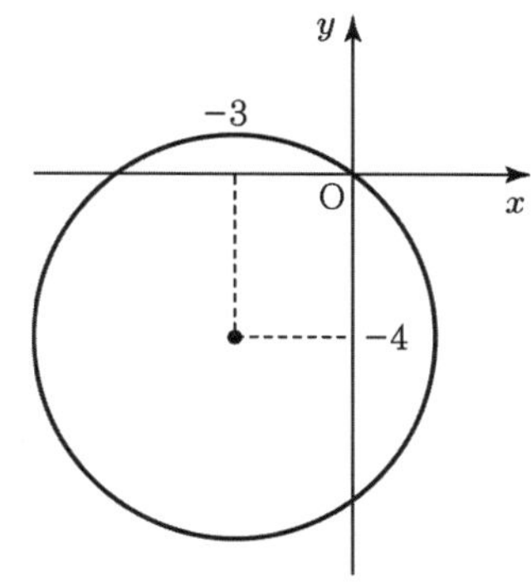

① $(x-3)^2+(y-4)^2=5$

② $(x+3)^2+(y+4)^2=25$

③ $(x+3)^2+(y+4)^2=5$

④ $(x-3)^2+(y-4)^2=25$

14. 좌표평면 위의 점 $A(-1, 3)$을 x축에 대하여 대칭이
동한 점을 B라 할 때, 원점 O와 점 B 사이의 거리는?

① $\sqrt{6}$ ② $2\sqrt{2}$

③ $\sqrt{10}$ ④ $3\sqrt{2}$

15. 전체집합 $U=\{1, 2, 3, 4, 5, 6\}$의 두 부분집합
$A=\{x \mid x$는 5 이하의 자연수$\}$,
$B=\{3, 4, 5, 6\}$에 대하여 $n(A-B)$는?

① 0   ② 1

③ 2   ④ 3

16. 명제 '$x=2$이면 $x^2=4$이다.'의 역은?

① $x=2$이면 $x^2\neq4$이다.

② $x\neq2$이면 $x^2=4$이다.

③ $x^2\neq4$이면 $x\neq2$이다.

④ $x^2=4$이면 $x=2$이다.

17. 다음의 집합 X에서 집합 Y로의 함수에 대한 설명으로 옳지 <u>않은</u> 것은? (f^{-1}는 f의 역함수를 뜻한다.)

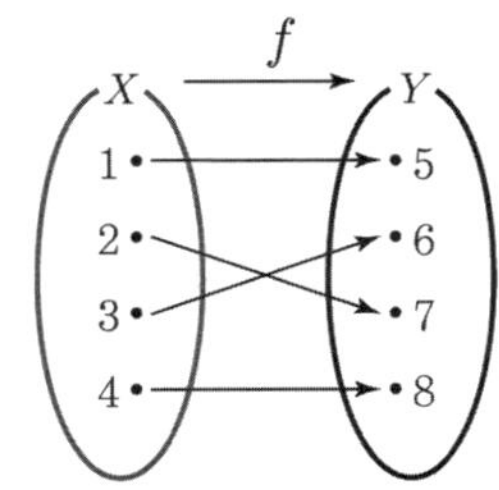

① $f(2) = 7$
② 치역은 $\{5, 6, 7, 8\}$이다.
③ 정의역은 $\{1, 2, 3, 4\}$이다.
④ $f^{-1}(5) = 3$

18. $y = \dfrac{1}{x}$ 의 그래프를 x축의 방향으로 a만큼, y축의 방향으로 b만큼 평행이동하면 $y = \dfrac{1}{x+1} - 2$의 그래프가 된다. $a+b$의 값은?

① 1
② -1
③ -2
④ -3

19. A, B, C, D 네 권의 책 중 두 권을 골라 책꽂이에 일렬로 꽂는 경우의 수는?

① 12가지
② 15가지
③ 20가지
④ 24가지

20. 5종류의 빵을 판매하는 제과점에서 서로 다른 3개의 빵을 고르는 경우의 수는?

① 4가지
② 6가지
③ 8가지
④ 10가지

제 ③ 교시　　영　어

[1~3] 다음 밑줄 친 부분의 뜻으로 가장 적절한 것을 고르시오.

1.

> It's time to start a national campaign against the air <u>pollution</u>.

① 개발　　　　② 비행
③ 오염　　　　④ 장소

2.

> A dove <u>stands for</u> peace.

① 대항하다　　　② 상징하다
③ 의존하다　　　④ 추월하다

3.

> I promise I will try to <u>keep in touch with</u> you.

① 돌보다
② 연락하다
③ 잘 지내다
④ 처리하다

4. 다음 밑줄 친 두 단어의 의미 관계와 <u>다른</u> 것은?

> Some questions are <u>complicated</u> and others are <u>simple</u>.

① decrease － increase
② honest － sincere
③ permanent － temporary
④ right － wrong

5. 다음 안내문과 일치하지 <u>않는</u> 것은?

> **Public Bath**
> Hot and cold pools, saunas, exercise rooms, and reading rooms. Free towels. Available for 100 people at once. Men till 11 p.m. only. No children allowed.

① 냉탕과 온탕 둘 다 있다.
② 사우나실과 독서실이 있다.
③ 최대 100명이 동시에 이용할 수 있다.
④ 어린이는 오후 11시까지만 이용할 수 있다.

[6~8] 다음 빈칸에 공통으로 들어갈 말로 가장 적절한 것을 고르시오.

6.

> • Don't ＿＿＿＿＿ off today's work until tomorrow.
> • You should ＿＿＿＿＿ on a mask here.

① have　　　　② make
③ put　　　　④ take

7.

> • Tom, ＿＿＿＿ don't you see a doctor?
> • I don't know the reason ＿＿＿＿ he doesn't like me.

① how　　　　② when
③ where　　　④ why

8.

> • We were satisfied ＿＿＿＿ the result.
> • We have nothing to do ＿＿＿＿ it.

① about　　　　② for
③ from　　　　④ with

9. 다음 대화에서 밑줄 친 표현의 의미로 가장 적절한 것은?

> A : How was the math exam?
> B : It was <u>a piece of cake</u>.
> A : You are good at math, aren't you?

① very delicious
② very easy
③ very expensive
④ very hard

10. 다음 대화에서 두 사람의 관계로 가장 적절한 것은?

> A : Excuse me, may I see your driver's license?
> B : Okay, sir. Anything wrong?
> A : You don't fasten your seat belt. It's against the law.

① 고객 – 점원
② 경찰관 – 운전자
③ 변호사 – 의뢰인
④ 의사 – 환자

11. 다음 대화가 이루어지는 장소로 가장 적절한 것은?

> A : May I help you?
> B : I would like to exchange Korean won for US dollars.
> A : How much do you want?
> B : 100 dollars.

① in a bank
② in a coffee shop
③ in a department store
④ in a restaurant

12. 다음 글에서 밑줄 친 This(this)가 가리키는 것으로 가장 적절한 것은?

> <u>This</u> tells about the things they did, the food they ate, the people they met and how they felt during that day. Most people feel that keeping <u>this</u> is a very private thing. They don't like to show this to others.

① a diary
② a friend
③ a mirror
④ a pet

[13~14] 다음 대화의 빈칸에 들어갈 말로 가장 적절한 것을 고르시오.

13.

> A : How can I get to the King Tower?
> B : ________________________?
> A : Could you show me the way to the King Tower?
> B : Sure. Go down this street and turn right. You can't miss it.

① Can you give me a hand
② For here or to go
③ I beg your pardon
④ What's the matter

14.

> A : I failed the math exam. That makes me depressed.
> B : ________________________.

① Be nice to people around you
② I know how it feels
③ Sure, go ahead
④ That's a good idea

15. 다음 대화의 주제로 가장 적절한 것은?

> A : I'm not good at English. Can you give me
>   some advice?
> B : Why don't you watch English videos?
>   Reading English novels will help you, too.
> A : That sounds good. I appreciate your advice.

① 영어 동영상을 찾는 방법
② 영어 공부의 중요성
③ 영어를 잘하는 데 도움이 되는 조언
④ 좋은 소설을 고르는 방법

16. 다음 글을 쓴 목적으로 가장 적절한 것은?

> If you don't have much time, a good and cheap
> way to shop is in this Max Internet store. You
> can order all the things you like just by the click
> of a mouse.

① 거절하려고　　　　② 교환하려고
③ 사과하려고　　　　④ 홍보하려고

17. 다음 광고에서 알 수 <u>없는</u> 것은?

> **Seoul Art Gallery**
>
> Location : Insa－dong
> What to see : Old paintings, ceramics, etc.
> Open : 9 a.m. ～ 9 p.m.
> Admission fee : Free
> Contact : If you have any questions,
> 　　　　　　call at 012－3456－7890.

① 관람 시간　　　　② 입장료
③ 전시 내용　　　　④ 무료 주차

18. 다음 Jane Goodall에 대한 내용과 일치하지 <u>않는</u> 것은?

> As a child, Jane Goodall loved all kinds of
> animals. When she grew up, she wanted to
> become a scientist and go to Africa to study the
> wild animals there. She wasn't able to go to a
> university because her parents were poor. So she
> became a secretary instead.

① 가정형편 때문에 대학에 가지 못했다.
② 대학도서관 사서로 일했다.
③ 어렸을 때 동물을 좋아했다.
④ 어른이 되어서 야생동물을 연구하고 싶었다.

19. 다음 글의 주제로 가장 적절한 것은?

> The brain has two sides : the right side and the
> left side. Each side controls different things. The
> left side of the brain affects our language and
> math skills, while the right side affects our
> creativity.

① 뇌 발달의 과정
② 뇌와 신경계의 관계
③ 좌뇌와 우뇌의 기능
④ 좌뇌와 우뇌의 통제법

[20～21] 다음 글의 빈칸에 들어갈 말로 가장 적절한 것을
고르시오.

20.

> We all have accidents sometimes. With the
> right information, you can ______ the life of
> someone who needs your help. However, the best
> way to become an effective help is to take a first
> －aid course

① endanger　　　　② hurt
③ prevent　　　　④ save

21.

In general, men tend to like cooler colors such as blues and greens while women tend to like warmer colors such as reds and pinks. However, choice of a color is becoming specific to each person regardless of the ___________ between men and women.

① height
② income
③ difference
④ friendship

22. 글의 흐름으로 보아 다음 문장이 들어가기에 가장 적절한 곳은?

In addition, when you laugh, your physical condition gets better.

① How often do you laugh? ② The effects of laughter are much greater than you think. ③ When you laugh, the blood circulation in your whole body increases and your whole body becomes stronger. ④

*circulation : 순환

23. 다음 글의 바로 뒤에 이어질 내용으로 가장 적절한 것은?

The earth is our home and we must share the earth with all its plants and animals. But our earth is being polluted by us every day. Here are some things you can do to protect the earth.

① 지구 오염의 종류
② 지구를 보호하는 방법
③ 지구의 동물과 식물
④ 지구의 생성 과정

[24~25] 다음 글을 읽고 물음에 답하시오.

Nearly 50% of all workers have jobs they aren't happy with. Don't let this happen to you! If you want to find the right job, don't rush to look through the ads in the newspaper. ___________, sit down and think about yourself. What kind of person are you? What makes you happy?

24. 윗글의 빈칸에 들어갈 말로 가장 적절한 것은?
① Besides
② For instance
③ Instead
④ Therefore

25. 윗글의 주제로 가장 적절한 것은?
① 근로자의 여가 활용
② 신문 광고의 효과
③ 실직 문제의 심각성
④ 올바른 직업 찾기

제 ④ 교시   사 회

1. 고령화에 대한 사회적 관점의 탐구 주제로 옳은 것은?

① 고령화 현상의 역사적 진행 과정과 그 배경은 무엇인가?

② 고령화 현상에 대비하여 수립된 제도와 법률은 무엇인가?

③ 농촌 지역과 도시 지역의 고령화 현상의 특징은 무엇인가?

④ 고령화 현상에 대해 우리가 갖추어야 할 바람직한 태도는 무엇인가?

2. 다음에서 설명하는 기본권에 대한 설명으로 옳은 것은?

> • 모든 국민은 근로의 권리를 가진다.
> • 모든 국민은 교육을 받을 권리를 가진다.

① 국가 권력의 간섭을 최소화하는 권리이다.

② 다른 기본권을 보장하기 위한 수단적 권리이다.

③ 국가의 의사 결정 과정에 참여할 수 있는 권리이다.

④ 국가에 대하여 인간다운 생활의 보장을 요구할 수 있는 권리이다.

3. 다음에서 나타나는 문화 이해 태도는 무엇인가?

문화 이해 태도에 대한 질문	대답
문화 간 우열이 존재한다고 보는가?	예
문화의 역사적·사회적 맥락을 중요시하는가?	아니요
자문화의 정체성 유지를 강조하는가?	아니요

① 문화 사대주의

② 문화 상대주의

③ 자문화 중심주의

④ 극단적 문화 상대주의

4. 다음에서 주장하는 분배 기준은 무엇인가?

> 장학금은 열심히 공부하려는 동기를 북돋기 위한 것이므로 성적에 따라 분배되어야 합니다.

① 필요   ② 업적

③ 능력   ④ 절차

5. ㉠에 대한 정당화 조건 설명으로 옳지 <u>않은</u> 것은?

> 마틴 루서 킹 목사는 "인간에게는 불의한 법에 맞설 도덕적 의무가 있다."라고 주장하였다. ㉠ 은 정의롭지 못한 법이나 정책을 변혁시키려는 목적으로 행하는 의도적인 위법 행위를 말한다.

① 비폭력으로 행사되어야 한다.

② 목적에 정당성이 있어야 한다.

③ 행위에 대한 처벌을 감수해야 한다.

④ 부정의한 법을 대상으로 즉시 시행되어야 한다.

6. 자본주의의 전개 과정에 대한 설명으로 옳지 <u>않은</u> 것은?

① 산업 자본주의는 애덤 스미스의 자유 방임주의 사상을 배경으로 한다.

② 산업 자본주의에서 수정 자본주의로 가는 계기가 된 사건은 세계 대공황이다.

③ 신자유주의에는 스태그플레이션 영향으로 기업의 국유화, 복지 확대를 지향한다.

④ 산업 자본주의, 수정 자본주의, 신자유주의에 기초한 자본주의는 모두 사유 재산 제도를 인정한다.

7. ㉠에 들어갈 내용으로 옳은 것은?

> ┌─────────┐
> │ ㉠ │ 은/는 경제 주체가 경제 활동을 하는
> └─────────┘
> 과정에서 의도치 않게 타인에게 이익을 주거나 의도
> 치 않게 피해를 입히고도 대가를 치르지 않는 현상으
> 로 효율적 경제 활동을 방해한다.

① 외부 효과   ② 빈부 격차
③ 독과점 문제   ④ 공공재 부족

8. ㉠, ㉡에 들어갈 금융 자산으로 옳은 것은?

> • ┌─────┐ ㉠ └─────┘ : 주식회사가 사업 자금을 조달하기 위해
> 투자자에게 돈을 받고 발행하는 증서
> • ┌─────┐ ㉡ └─────┘ : 정부나 금융 기관 및 주식회사 등이 다
> 수의 사람으로부터 직접 자금을 조달하기 위해 발행
> 하는 일종의 차용 증서

	㉠	㉡
①	주식	예금
②	주식	채권
③	채권	주식
④	채권	예금

9. ㉠, ㉡에 들어갈 사회 복지 제도는?

> • ┌─────┐ ㉠ └─────┘ 은/는 도움이 필요한 모든 국민을 대상
> 으로 다양한 서비스 혜택을 지원하는 제도이다.
> • ┌─────┐ ㉡ └─────┘ 은/는 소득과 재산이 일정 수준 이하인
> 계층이 최소한의 인간다운 생활을 할 수 있도록 보
> 장하는 제도이다.

	㉠	㉡
①	사회 보험	사회 보험
②	공공 부조	사회 서비스
③	사회 서비스	사회 보험
④	사회 서비스	공공 부조

10. 다음에서 설명하는 문화 접변의 결과는 무엇인가?

> 기존 문화 요소가 다른 사회의 문화 요소와 접촉하
> 면서 자신의 문화 요소가 상실된다.

① 자극 전파   ② 문화 융합
③ 문화 동화   ④ 문화 병존

11. 다음과 같은 특징이 나타나는 문화권을 지도의 A~D에서 고른 것은?

> • 쌀을 주식으로 하는 음식 문화가 발달하였다.
> • 계절풍의 영향으로 여름철 기온이 높고 강수량이 풍
> 부하다.

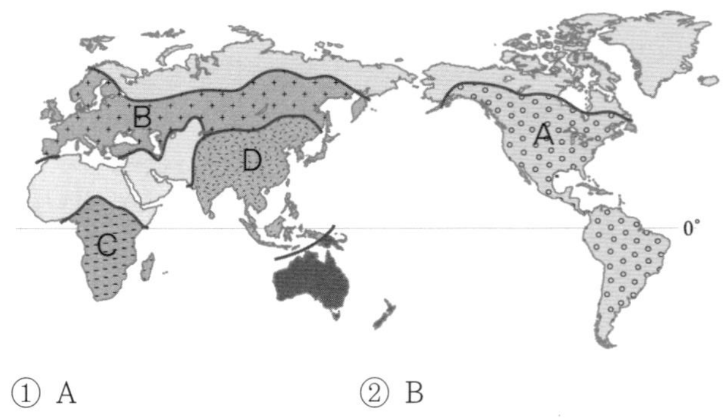

① A   ② B
③ C   ④ D

12. 다음과 같은 정의관에 대한 설명으로 옳은 것은?

> 나는 나의 민족으로부터 다양한 빚과 유산, 정당한
> 기대와 의무를 물려받는다. 이것들은 내 삶의 주어진
> 바와 나의 도덕적 출발점을 구성한다.

① 국가와 사회보다 개인이 우선한다.
② 개인의 자유를 가장 소중한 가치로 본다.
③ 개인은 공동체의 구성원으로 관계적 자아이다.
④ 개인의 정체성은 공동체의 가치와 무관하게 형성된다.

13. (가), (나) 제도가 보장하고자 하는 국민의 기본적 인권을 바르게 연결한 것은?

> (가) 체포, 구속, 압수 또는 수색을 할 때에는 반드시 법원이 발부한 영장을 제시하여야 한다.
> (나) 모든 국민은 자녀에게 초등 교육과 법률이 정한 교육을 받게 할 의무가 있으며, 의무 교육은 무상으로 한다.

	(가)	(나)
①	사회권	자유권
②	사회권	청구권
③	자유권	청구권
④	자유권	사회권

14. 한대 기후에 대한 설명으로 옳은 것은?

① 순록을 유목하며 살아간다.
② 벼농사가 발달해 쌀을 주식으로 한다.
③ 얇은 천으로 만든 간편한 옷을 입는다.
④ 침엽수림의 나무를 이용한 통나무집을 짓는다.

15. 도시화에 따른 생활 양식의 변화로 옳지 <u>않은</u> 것은?

① 주민 간의 이질성이 높아졌다.
② 직업이 다양해지고 전문화되었다.
③ 공동체 의식이 높아지고 대가족 비율이 높아졌다.
④ 창의적 능력을 발휘하는 직업이 증가한다.

16. 다음에서 설명하는 종교는 무엇인가?

> • 다양한 신을 섬긴다.
> • 갠지스강에서 종교의식으로 목욕을 한다.

① 불교 　　　　② 힌두교
③ 이슬람교 　　④ 크리스트교

17. ㉠에 들어갈 말로 가장 적절한 것은?

> 산지는 인간 생활에 불리하여 도시를 형성하거나 산업 시설이 들어서기 어렵다. 그런데 남아메리카에는 오히려 산지에 큰 도시가 형성되어 있다. 이곳의 높은 산지에 도시가 발달한 까닭은 ㉠ 때문이다.

① 물을 구하기 쉽기
② 비옥한 평야가 발달했기
③ 플랜테이션 재배에 유리하기
④ 연중 온화한 기후가 나타나기

18. 교통·통신의 발달에 따른 변화로 적절하지 <u>않은</u> 것은?

① 외국인 관광객 수가 증가하였다.
② 대도시를 중심으로 대도시권이 형성되었다.
③ 집과 학교, 집과 직장 간 평균 거리가 짧아졌다.
④ 기업의 경제 활동의 범위가 전 세계로 확대되었다.

19. 다음 지도에 대한 설명으로 옳은 것은?

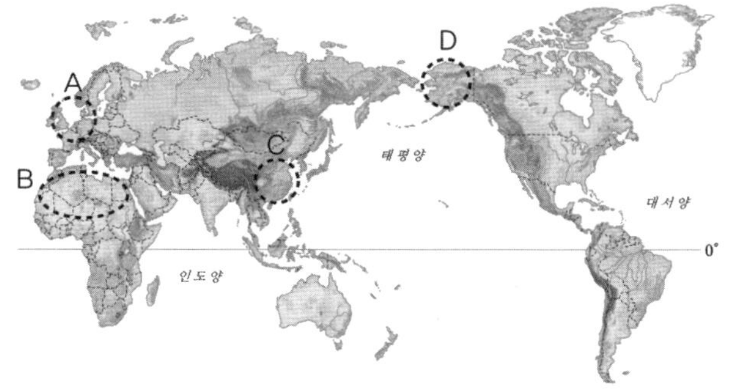

① A는 건조 기후 지역이다.
② B는 이슬람 문화권이 나타난다.
③ C는 한대 기후 지역으로 인구가 희박하다.
④ D는 첨단 산업이 발달하여 인구가 밀집되어 있다.

20. 다음과 같은 자연관(㉠)과 주장한 사상가(㉡)로 옳은 것은?

> 바람직한 대지 이용을 오직 경제적 문제로만 생각하지 말라. 낱낱의 물음을 경제적으로 무엇이 유리한가 하는 관점뿐만 아니라 윤리적, 심미적으로 무엇이 옳은가의 관점에서도 검토하라.

	㉠	㉡
①	인간 중심주의	베이컨
②	인간 중심주의	데카르트
③	생태 중심주의	아퀴나스
④	생태 중심주의	레오폴드

21. 세계에서 가장 많이 사용하는 화석 에너지에 대한 설명으로 가장 적절한 것은?

① 지속 가능한 발전에 적합한 신·재생 에너지이다.
② 내연 기관 동력자원, 화학 공업 원료로 사용된다.
③ 18세기 산업 혁명의 동력 자원이며 제철 공업에 이용된다.
④ 오염 물질 배출이 적고 냉동 액화 기술로 사용량이 증가하였다.

22. ㉠에 들어갈 것으로 가장 적절한 것은?

> 현세대가 환경을 파괴하고 한정된 자원을 고갈시키면, 미래 세대는 안정된 환경에서 살아가기 어렵게 된다. 따라서 우리는 　㉠　 을/를 추구해야 한다.

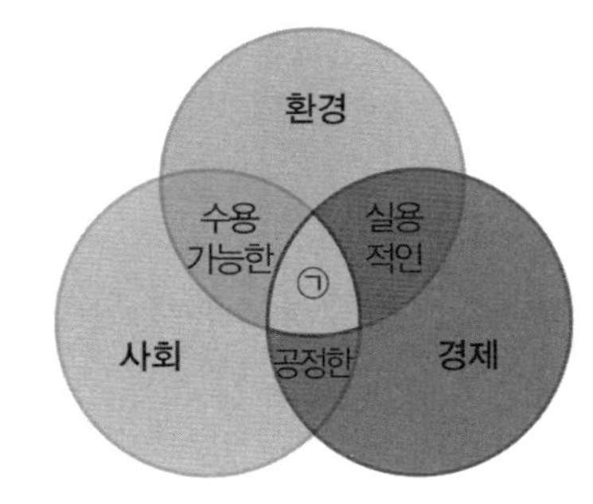

① 소호(SOHO)　　　　② 플랜테이션
③ 유비쿼터스　　　　④ 지속 가능한 발전

23. 다음은 갈퉁의 평화 사상이다. ㉠, ㉡에 들어갈 내용으로 옳은 것은?

> **평화의 의미**
> * 　㉠　 : 범죄, 테러, 전쟁 같은 직접적 폭력이 사라진 상태
> * 　㉠　 : 직접적 폭력뿐만 아니라 구조적, 문화적 폭력이 제거된 상태

	㉠	㉡
①	소극적 평화	적극적 평화
②	적극적 평화	소극적 평화
③	일시적 평화	영구 평화
④	영구 평화	적극적 평화

24. 지도에 표시된 A 분쟁지역은?

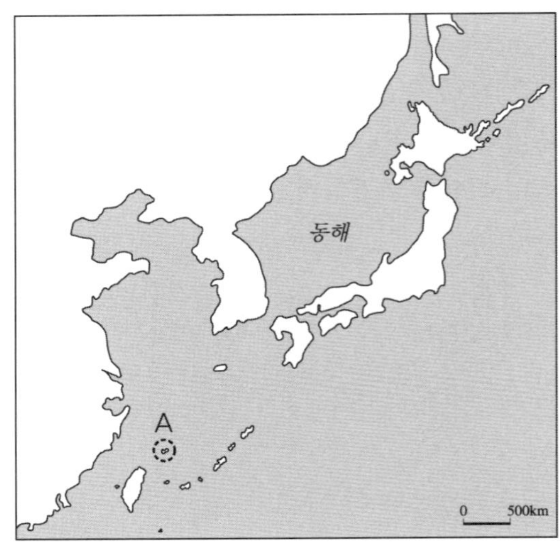

① 쿠릴 열도　　　　② 센카쿠 열도
③ 시사 군도　　　　④ 난사 군도

25. 다음에서 설명하는 것은?

> 의미 : 개인이나 민간단체 주도로 만들어진 국제 사회 행위 주체
> 예 : 그린피스(Greenpeace), 국경 없는 의사회(MSF), 국제 사면 위원회(AI)

① 정당　　　　　　② 국제 기구
③ 이익 집단　　　　④ 비정부 기구

제 ⑤ 교시　　과 학

1. 다음은 휘어지는 디스플레이로 이용할 수 있는 신소재의 모습을 나타낸 것이다. 이 신소재를 이루는 원소는?

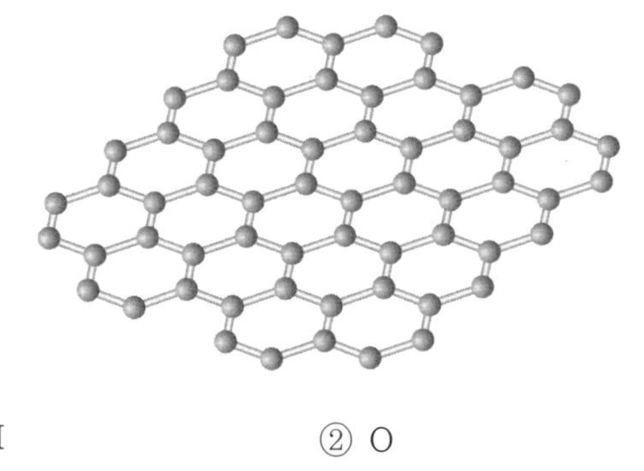

① H
② O
③ C
④ Ca

2. 질량이 4kg인 물체가 20m/s로 운동하다 10초간 힘을 받아 50m/s로 운동하였다. 물체가 받은 충격량의 크기는?

① 80N · s
② 120N · s
③ 200N · s
④ 500N · s

3. 다음은 변압기 1차 코일과 2차 코일의 감은 수를 나타낸 것이다. V_2가 200V일 때 V_1은? (단, 변압기에서의 에너지 손실은 무시한다.)

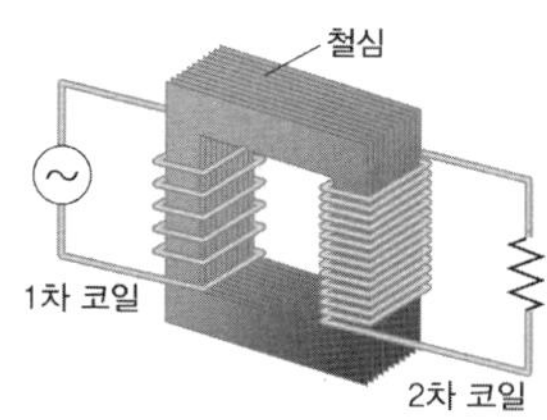

코일	감은 수	전압
1차	5번	V_1
2차	10번	V_2

① 50V
② 100V
③ 150V
④ 200V

4. 그림은 수평 방향으로 던진 공의 운동을 나타낸 것이다. 수평 방향의 운동에 해당하는 시간 – 속력 그래프는? (단, 공기 저항은 무시한다.)

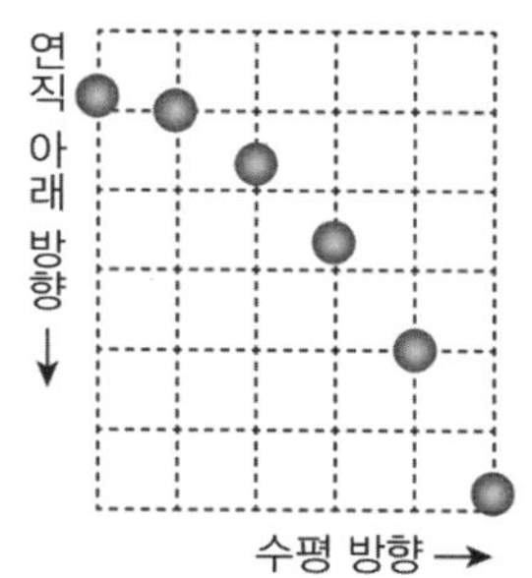

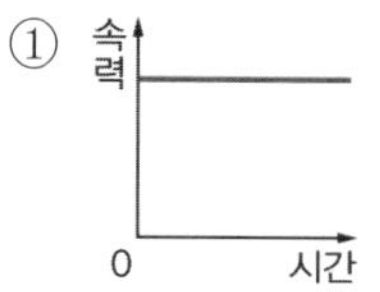

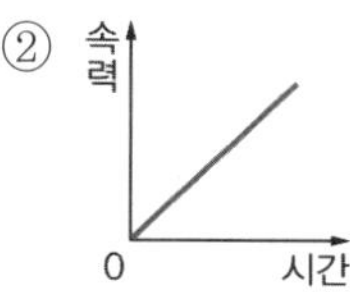

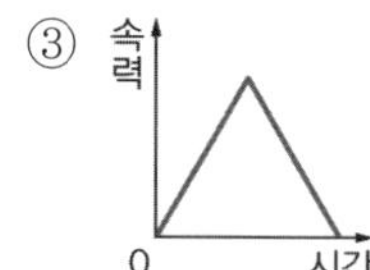

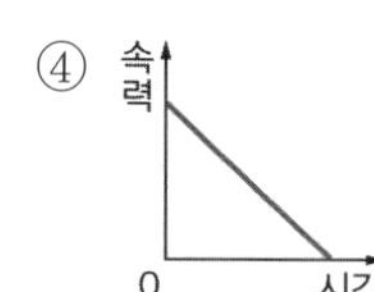

5. 그림과 같이 코일과 검류계를 연결하고 코일에 자석의 N극을 가까이하거나 멀리하였다. 이에 대한 설명으로 옳은 것은?

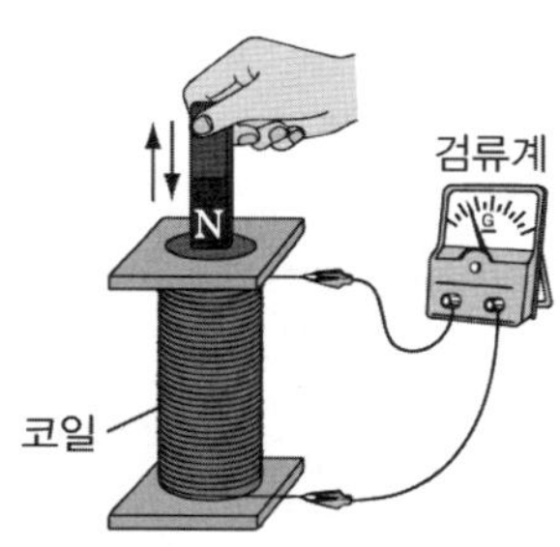

① 자석의 N극을 가까이할 때와 멀리할 때 검류계 바늘이 움직이는 방향이 같다.
② 자석의 움직이는 빠르기는 검류계 바늘의 움직임에 영향을 주지 않는다.
③ 발전기의 원리를 설명할 수 있다.
④ 이때 흐르는 전류를 손실 전력이라고 한다.

6. 그림은 주기율표의 일부를 나타낸 것이다. A~D 중 다음과 같은 특성이 있는 원소는? (단, A~D는 임의의 원소 기호이다.)

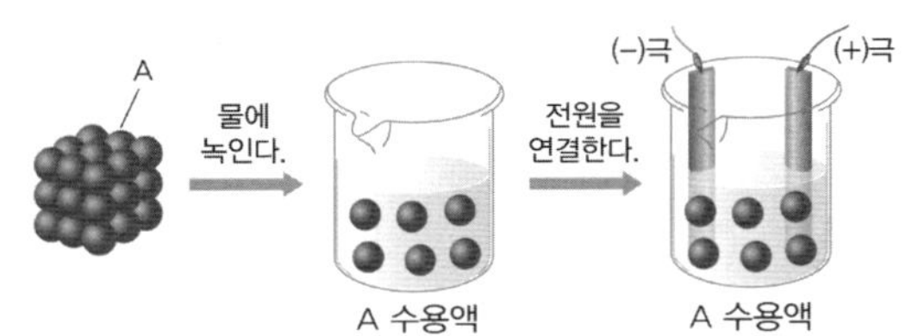

> • 실온에서 고체 상태로 존재하는 금속 원소이다.
> • 물, 공기와 반응성이 커서 석유나 액체 파라핀에 보관한다.
> • 주기율표 1족 원소이다.

① A
② B
③ C
④ D

7. 그림은 물질 A를 물에 녹인 후 전기 전도성을 알아보는 모형을 나타낸 것이다. 전극을 꽂고 전원을 연결할 때 전류가 흐르지 않았다면 A에 해당하는 물질은?

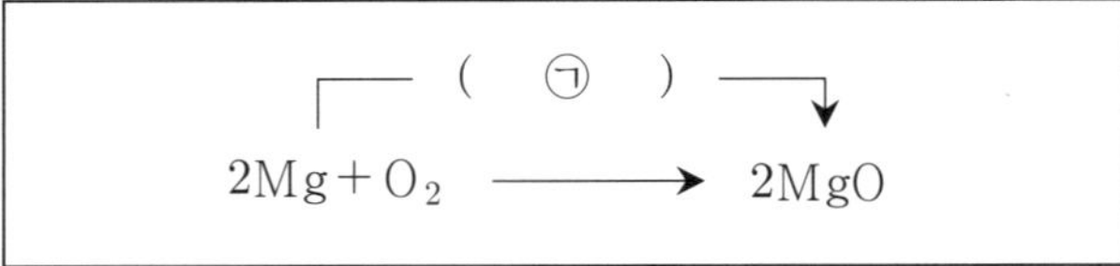

① 염화 나트륨(NaCl)
② 염화 칼슘($CaCl_2$)
③ 수산화 나트륨(NaOH)
④ 설탕($C_{12}H_{22}O_{11}$)

8. 다음은 마그네슘의 연소 과정을 나타낸 것이다. 이에 대한 설명으로 옳은 것은?

$$2Mg + O_2 \longrightarrow 2MgO \quad (\ \text{㉠} \ )$$

① ㉠은 산화이다.
② 산화 반응만 일어났다.
③ 반응물의 종류는 생성물 종류보다 적다.
④ 마그네슘은 산소를 잃는다.

9. 다음과 같은 성질을 나타나게 하는 데 관여하는 이온의 이온식은?

> • 신맛이 난다.
> • 푸른색 리트머스 종이를 붉게 변화시킨다.

① Na^+
② H^+
③ OH^-
④ Cl^-

10. 그림은 기권을 구성하는 성분 중 생물의 호흡에 이용되는 기체의 화학 결합 모형을 나타낸 것이다. 이에 대한 설명으로 옳은 것은?

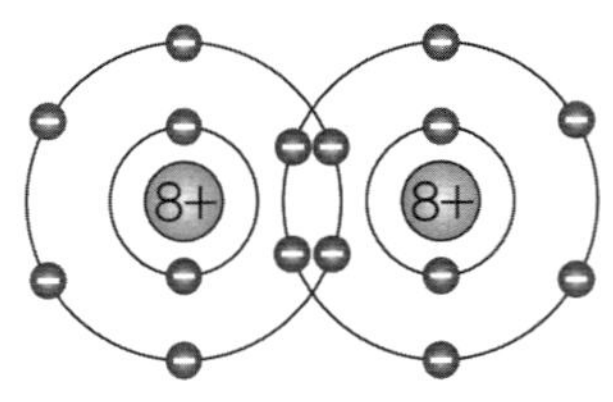

① 단원자 분자이다.
② 대기의 78%를 차지한다.
③ 공유 결합 물질이다.
④ 분자식은 O로 나타낼 수 있다.

11. 다음 중 탄소 화합물이 <u>아닌</u> 것은?
① 무기 염류
② 단백질
③ 녹말
④ DNA

12. 그림은 생명체를 구성하는 물질의 단위체를 나타낸 것이다. 이 단위체로 이루어진 물질은?

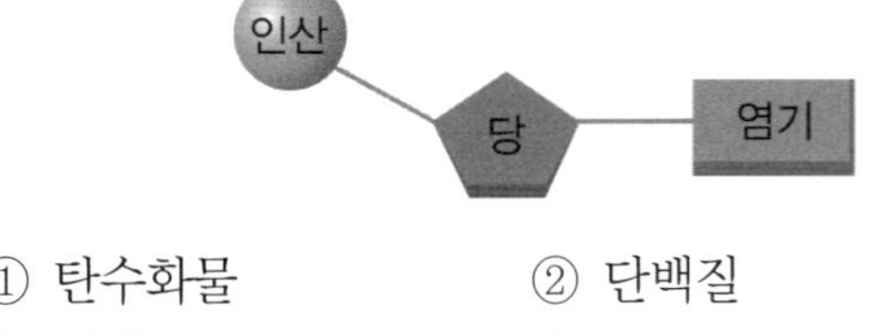

① 탄수화물
② 단백질
③ 핵산
④ 물

13. 다음은 세포막의 구조를 나타낸 것이다. A와 B의 이름이 바르게 연결된 것은?

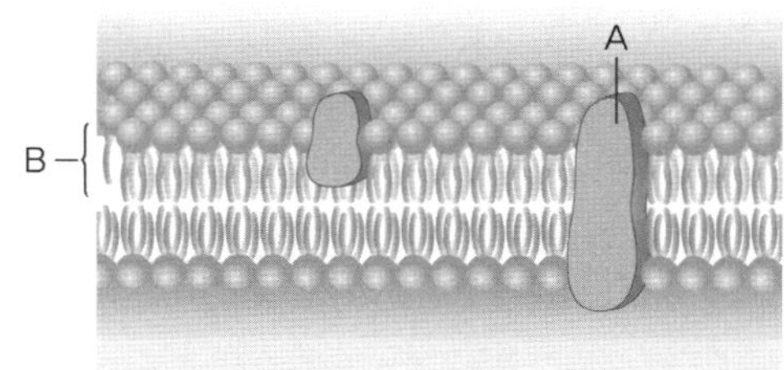

	A	B
①	인지질	단백질
②	단백질	인지질
③	탄수화물	단백질
④	인지질	탄수화물

14. 그림은 어떤 동물 세포의 구조를 나타낸 것이다. A~D 중 DNA의 정보에 따라 단백질이 합성되는 장소는?

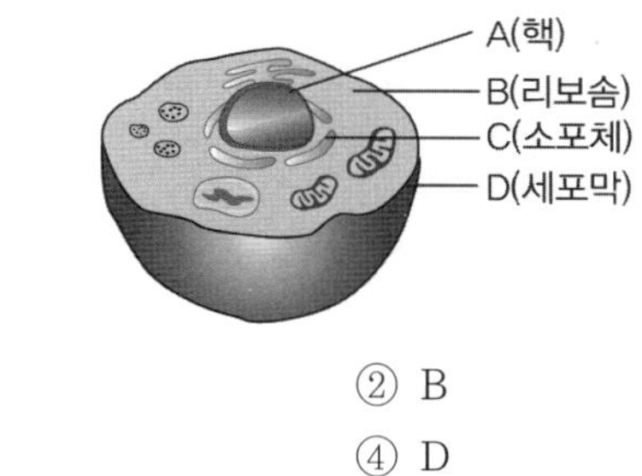

① A　　　　② B
③ C　　　　④ D

15. 다음은 다윈의 자연 선택설 과정을 나타낸 것이다. 생존 경쟁에서 살아남은 개체가 자손을 더 많이 남기게 되는 ㉠ 과정을 무엇이라고 하는가?

> 과잉 생산 → 생존 경쟁 → (㉠) → 진화

① 중화 반응　　　　② 유전적 다양성
③ 자연 선택　　　　④ 생태 통로

16. 다음은 생태계 구성 요소에 대한 설명이다. 설명에 해당하는 생물에 속하는 생물은?

> • 스스로 양분을 만들지 못한다.
> • 죽은 생물이나 다른 생물의 배설물을 분해하여 양분을 얻는다.

① 식물 플랑크톤　　　　② 미역
③ 버섯　　　　④ 해파리

17. 다음 중 물질을 이루는 입자에 대한 설명으로 옳지 <u>않은</u> 것은?

① 전자는 기본 입자이다.
② 원자는 원자핵과 전자로 이루어져 있다.
③ 쿼크 1개가 수소의 원자핵을 이룬다.
④ 쿼크가 중성자보다 먼저 생성되었다.

18. 지구의 형성 과정 중 핵과 맨틀이 분리되기 전 과정 ㉠에 해당하는 것은?

> 미행성체 충돌 → (㉠) → 핵과 맨틀의 분리 → 원시 지각의 형성

① 생명체의 출현　　　　② 원시 바다의 형성
③ 태양계 형성　　　　④ 마그마 바다 형성

19. 그림은 별의 진화 단계의 모습을 나타낸 것이다. 이에 대한 설명으로 옳은 것을 모두 고른 것은?

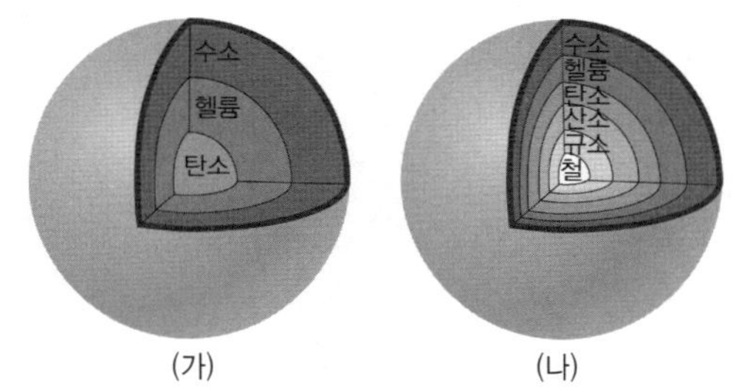

> ㄱ. 별의 질량은 (가)보다 (나)가 더 크다.
> ㄴ. 별의 내부에서 핵분열에 의해 무거운 원소가 생성된다.
> ㄷ. 별의 중심부로 갈수록 온도가 낮아진다.

① ㄱ　　　　② ㄴ
③ ㄱ, ㄷ　　　　④ ㄴ, ㄷ

20. 그림의 (가)는 지질 시대를 구분한 것이고, (나)는 A~D 중 한 시대의 표준 화석을 나타낸 것이다. A~D 중 생물의 화석이 번성한 지질 시대는?

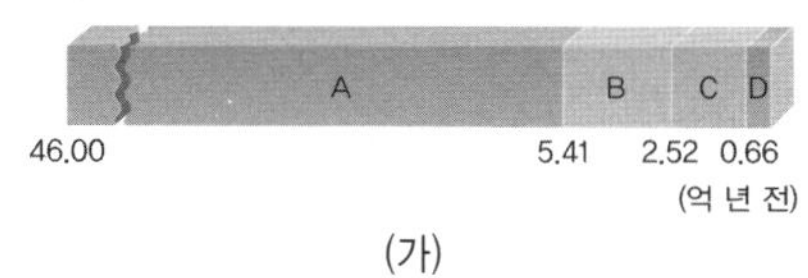

(가)　　　　(나)

① A　　　　② B
③ C　　　　④ D

21. 그림은 기온의 연직 분포를 나타낸 것이다. A~D 중 다음 설명에 해당하는 것은?

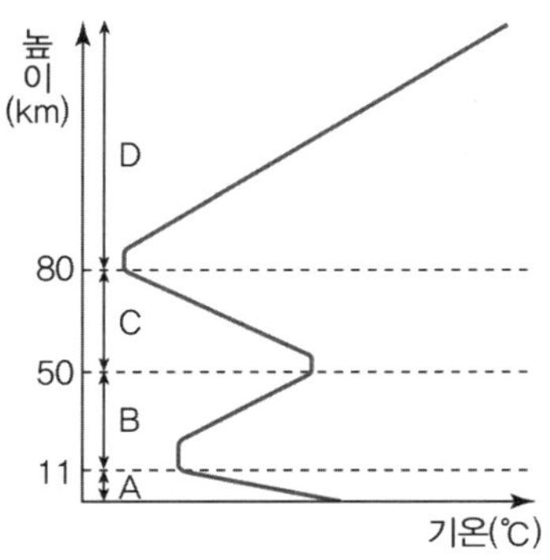

- 오로라 현상이 나타난다.
- 위로 갈수록 기온이 높아진다.
- 공기가 매우 희박하다.

① A
② B
③ C
④ D

22. 다음은 지구 시스템에서 일어나는 탄소 순환 과정에 대한 설명이다. (가)와 (나)에 공통으로 포함된 지구 시스템의 구성 요소는?

> (가) 화석 연료가 연소하여 이산화 탄소가 대기로 방출된다.
> (나) 대기 중 이산화 탄소가 해수에 녹아 탄산 이온의 형태가 된다.

① 수권
② 기권
③ 외권
④ 지권

23. 다음 중 판과 판이 어긋나는 보존형 경계에서 나타나는 지형은?

① 해구
② 변환 단층
③ 습곡 산맥
④ 해령

24. 다음 설명에 해당하는 것은?

- 대기 대순환의 변화, 과잉 방목 등의 원인이 된다.
- 사막이 점차 넓어지는 현상이다.

① 사막화
② 엘니뇨
③ 무역풍
④ 지구 온난화

25. 그림은 신재생 에너지 중 하나를 나타낸 것이다. 이에 대한 설명으로 옳은 것을 모두 고른 것은?

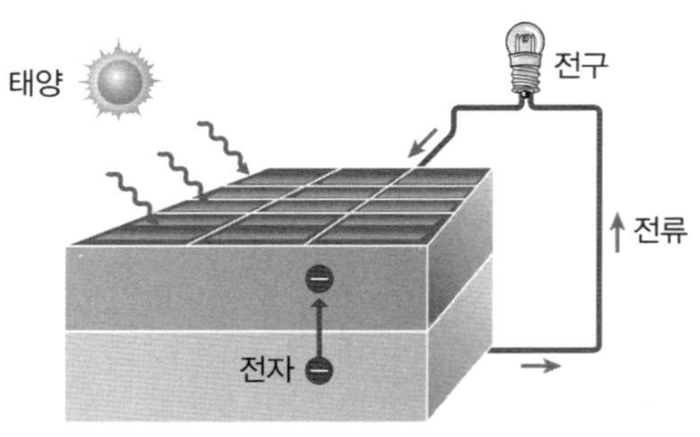

> ㄱ. 태양열 발전이다.
> ㄴ. 터빈의 회전으로 인한 전기 에너지가 생성된다.
> ㄷ. 태양 에너지 → 전기 에너지 전환이 일어난다.

① ㄱ
② ㄷ
③ ㄱ, ㄴ
④ ㄴ, ㄷ

제 ⑥ 교시

한국사

1. ㉠ 나라에 대해 옳게 설명한 것은?

> • (㉠)은/는 왕이 없으며 여러 읍락의 장수들은 스스로를 삼로라고 하였다. …… 나라가 작아 결국 고구려의 신하 나라가 되었다.
> • (㉠)은/는 읍락이 서로 침범하면 벌로 소나 말 등으로 배상하게 하는데, 이를 책화라 한다.

① 서옥제가 있었다.
② 8조법을 제정하였다.
③ 무천이라는 제천 행사가 있었다.
④ 천군이 다스리는 소도가 있었다.

2. 다음과 같은 건국 이야기가 전해지는 나라에 대한 설명으로 옳은 것은?

> 구지봉에서 이상한 소리가 있어 구간 등이 그 소리를 따라 구지가를 부르며 춤을 추자, 하늘에서 붉은 천으로 덮인 금색 상자가 내려왔다. 열어 보니 둥근 황금 알 여섯 개가 있었다. 알 여섯 개에서 어린아이가 태어났다. 그중 가장 먼저 나온 김수로가 왕이 되었다.
>
> − 『삼국유사』 −

① 녹읍을 폐지하였다.
② 화랑도를 조직하였다.
③ 만적이 난을 일으켰다.
④ 금관가야가 철 무역으로 번성하였다.

3. 다음 지도의 상황과 관련된 유물은 무엇인가?

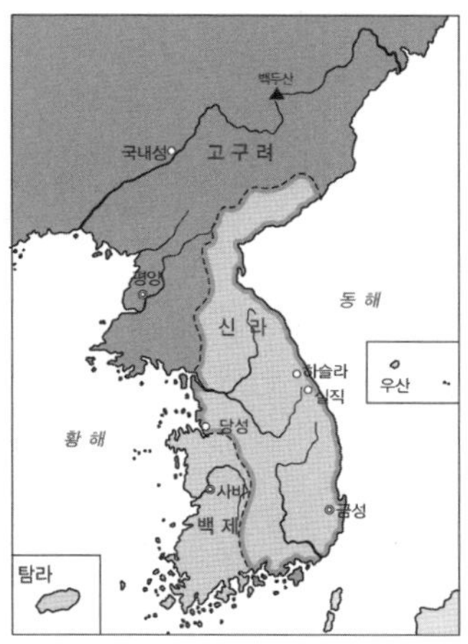

① 팔만대장경

② 직지심체요절

③ 북한산 순수비

④ 충주 고구려비

4. 다음을 주장한 인물에 대해 옳은 것은?

> '우리도 임금을 황제로 부르고 독자적인 연호를 써야 한다. 서경으로 도읍지를 옮기면 금이 항복하고 사방 36개 나라가 모두 고려의 신하가 될 것이다.'

① 『삼국사기』를 편찬하였다.
② 사심관 제도를 마련하였다.
③ 전민변정도감을 설치하였다.
④ 풍수지리설의 영향을 받았다.

5. ㉠은 누구인가?

> 원의 정치적 간섭을 받고 있는 동안 몽골의 침입에 도움을 준 사람, 원과 혼인 관계를 맺은 사람, 몽골어를 잘하는 사람, 일본 원정에서 공을 세운 사람 등 원과 관련이 있는 사람들이 높은 지위에 올랐다. 이들을 (㉠)이라 부른다.

① 진골   ② 친일파
③ 권문세족   ④ 신진 사대부

6. 다음 내용과 관련한 사건의 직접적 원인으로 맞는 것은?

> 사림은 동인과 서인으로 나뉘었다. 대체로 이황과 조식의 학문을 계승한 사림을 중심으로 동인이 형성된 반면, 서인에는 주로 이이의 문인들이 가담하였다.

① 과전법을 둘러싼 갈등
② 골품제를 둘러싼 갈등
③ 개화와 위정척사 간 대립
④ 이조 전랑을 둘러싼 갈등

7. 다음 설명과 관련된 인물은?

> • '여전론', '정전론'과 같은 토지 개혁안을 주장하였다.
> • 『목민심서』, 『경세유표』를 저술하였다.

① 원효   ② 정약용
③ 허준   ④ 박지원

8. 다음 질문에 대한 답으로 옳은 것은?

① 균역법 – 영조 ② 균역법 – 흥선 대원군
③ 호포제 – 영조 ④ 호포제 – 흥선 대원군

9. '이곳'에서 일어난 사건으로 옳은 것은?

> • 고려는 몽골을 침입에 맞서 싸우기 위해 '이곳'으로 천도하였다.
> • '이곳'에서 1876년에 우리나라 최초의 근대적 조약이 체결되었다.

① 윤봉길이 일본군에게 폭탄을 던졌다.
② 안중근이 이토 히로부미를 암살하였다.
③ 민족 대표 33인이 독립선언서를 낭독하였다.
④ 프랑스군은 외규장각 도서와 많은 보물을 약탈하였다.

10. 다음은 임오군란의 과정이다. ㉠에 들어갈 나라는?

> 별기군 창설 이후 구식 군인들에 대한 차별이 심해지자, 구식 군인들과 도시 하층민들이 궁궐을 공격하였다. 하지만 (㉠)의 군사 개입으로 1달 여 만에 진압되었다.

① 청   ② 일본
③ 미국   ④ 러시아

11. 다음은 갑오개혁에 대한 설명이다. 빈칸에 들어갈 내용으로 옳지 <u>않은</u> 것은?

> (㉠)은/는 경복궁을 점령한 후 김홍집 내각을 구성하게 하고 내정 개혁을 강요하였다. 김홍집 내각은 (㉡)을/를 신설하여 과거제와 (㉢) 폐지 등을 추진하였다. 고종은 종묘에 나가 (㉣)을/를 반포하였다.

① ㉠ – 일본
② ㉡ – 정방
③ ㉢ – 신분제
④ ㉣ – 홍범 14조

12. 다음의 '다양한 개혁'에 포함되지 <u>않는</u> 것은?

① 지계 발급
② '구본신참' 표방
③ 단발령 추진
④ 환구단에서 황제 즉위식 거행

13. ㉠에 들어갈 사건으로 옳은 것은?

> 고종이 강제로 퇴위하고 군대가 해산된 후, 해산 군인들이 가담하여 정미의병이 조직되었다. 의병은 이인영을 총대장으로 하는 13도 연합 부대를 결성하여 (㉠)을/를 펼쳤으나 실패하였다.

① 살수 대첩　　　② 매소성 전투
③ 인천 상륙 작전　　　④ 서울 진공 작전

14. 다음에 해당하는 근대 신문은?

> 양기탁과 영국인 베델이 함께 창간하여 일제의 사전검열을 피할 수 있었다. 이에 일제에 대한 비판적인 기사를 싣고 강력한 항일 언론 활동을 펼쳤다.

① 한성순보　　　② 동아일보
③ 황성신문　　　④ 대한매일신보

15. 독도에 대한 설명으로 옳지 <u>않은</u> 것은?
① 신라 이래 한국의 영토로 인식되었다.
② 조선 숙종 때 안용복은 일본에 건너가 울릉도와 독도가 우리 영토임을 알렸다.
③ 대한 제국은 '칙령 제41호'를 반포하여 독도를 관할하게 하였다.
④ 일본은 을사늑약을 체결하여 일방적으로 시마네현에 편입하였다.

16. 다음 제도가 시행된 시기는?

> 근대식 토지 소유권을 확립한다는 목적이었으나 실제로는 토지 약탈이 목적이었고 토지를 소유한 사람이 정해진 기간에 총독부에 직접 신고하는 제도였다.

① 1905년　　　② 1910년대
③ 1920년대　　　④ 1940년대 초

17. ㉠에 들어갈 내용으로 옳은 것은?

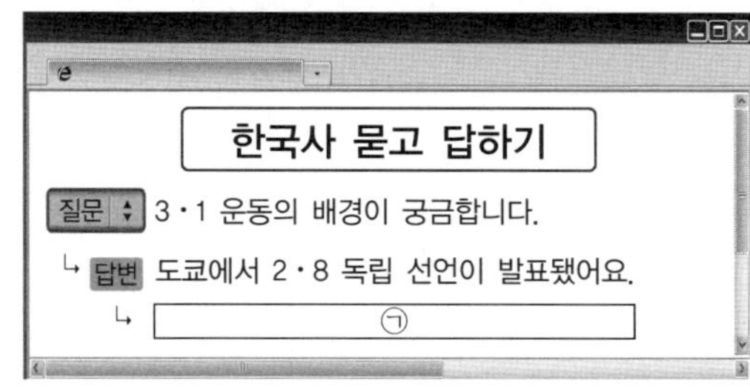

① 전주 화약 체결
② 카이로 회담 개최
③ 민족 자결주의 제창
④ 모스크바 3국 외상 회의 개최

18. 다음에서 설명하는 대한민국 임시 정부의 활동은?

> 국내와의 업무 연락을 위해 설치하여, 정부 문서와 명령을 전달하고 독립운동 자금을 운반하는 역할을 한 비밀 조직망

① 사심관　　　② 연통제
③ 통신사　　　④ 국민 대표 회의

19. 다음에서 설명하는 사건은?

> • 일본인 감독관이 한국인 노동자를 구타한 사건이 발생하자, 4개월 동안 이 지역의 2,200여 명 노동자가 연대 파업에 가담하였다.
> • 일제 강점기 최대 규모의 노동 운동이었다.

① 형평 운동　　　② 원산 총파업
③ 전태일 사건　　　④ 국채 보상 운동

20. 다음에서 설명하는 일제 강점기의 인물은?

> • 한국사가 세계사의 보편적인 발전 법칙에 따라 발전
>   하였음을 강조하였다.
> • 『조선사회경제사』를 집필하였다.

① 박은식　　　　　② 백남운
③ 윤동주　　　　　④ 주시경

21. 다음에서 설명하는 인물은?

> • 광복 직후 조선 건국 준비 위원회를 조직하였다.
> • 1946~1947년에 좌우 합작 운동도 주도하였다.

① 김구　　　　　② 여운형
③ 지청천　　　　④ 이승만

22. 모스크바 3국 외상 회의에 대한 설명으로 옳은 것은?
① 신탁 통치에 합의하였다.
② 사사오입 개헌안이 통과되었다.
③ 6 · 25 전쟁에 유엔군 파병이 결정되었다.
④ 독립 협회가 종로에서 개최한 민중 집회이다.

23. 다음에서 설명하는 사건이 시작된 날짜는?

> 　3 · 15 부정 선거를 계기로 이승만 정부의 독재 정
> 권을 타도하기 위해 전개된 시위이다. 마산 시위 중
> 실종된 학생의 시신이 발견되면서 시작되었다.

① 4월 19일　　　　② 5월 18일
③ 6월 29일　　　　④ 8월 15일

24. 다음에 해당하는 정부의 정책은 무엇인가?

> 　1988년 서울 올림픽을 성공적으로 개최함으로써
> 국제 사회에 대한민국의 위상을 알림.

① 농지 개혁 추진
② 금융 실명제 시행
③ 반민족 행위 처벌법 제정
④ 남북한이 동시에 유엔(UN)에 가입

25. 다음 자료와 관련된 합의안은?

> • 최초로 남북한 정상이 만났다.
> • 이후 금강산 육로 관광이 시작되고, 개성 공단 설치
>   가 합의되었다.

① 정전 협정
② 남북 기본 합의서
③ 7 · 4 남북 공동 성명
④ 6 · 15 남북 공동 선언

제 ⑦ 교시　　　도　덕

1. 다음 설명에 해당하는 윤리학은?

> 인간이 어떻게 행위를 해야 하는가에 대한 보편적 원리의 탐구를 주된 목표로 하는 윤리학

① 규범 윤리학　　　② 메타 윤리학
③ 기술 윤리학　　　④ 실천 윤리학

2. 다음에서 소개하는 윤리 사상가는?

> **◆ 도덕 인물 카드 ◆**
> • 독일 계몽주의 시대 철학자
> • 의무론적 윤리를 강조함.
> • 무조건 따라야 하는 정언 명령을 제시함.

① 벤담　　　② 칸트
③ 롤스　　　④ 노직

3. 다음 사상과 관련된 용어를 바르게 연결한 것은?

> (가) 유교　　(나) 불교　　(다) 도교

	(가)	(나)	(다)
①	인	연기론	무위자연
②	무위자연	열반	연기론
③	연기론	인	열반
④	열반	무위자연	인

4. 다음 설명에 해당하는 것은?

> • 이유나 근거를 제시하면서 도덕 판단을 끌어내는 과정
> • 도덕 원리를 바탕으로 사실 판단을 거쳐 도덕 판단을 내릴 수 있다.

① 절차적 정의　　　② 비판적 사고
③ 교정적 정의　　　④ 도덕적 추론

5. ㉠에 들어갈 사상은?

> (㉠)　• '최대 다수의 최대 행복'의 원리를 강조함.
> • '어떤 행위가 최대의 유용성을 낳는가?'를 중시함.

① 의무론　　　② 자연법 윤리
③ 계약론적 접근　　　④ 행위 공리주의

6. 다음에서 설명하는 자연관으로 옳은 것은?

> • 도덕적 고려의 범위를 모든 생명체로 확대해야 한다.
> • 도덕적 지위를 갖는 기준은 생명이다.

① 인간 중심주의　　　② 동물 중심주의
③ 생명 중심주의　　　④ 생태 중심주의

7. 시민 불복종의 정당화 조건으로 옳은 것을 〈보기〉에서 고른 것은?

> ─〈보기〉─
> ㄱ. 현행법에 의한 처벌을 거부해야 한다.
> ㄴ. 비폭력적으로 운동이 전개되어야 한다.
> ㄷ. 행위의 목적이 사회적으로 정당해야 한다.
> ㄹ. 시민 불복종 외에 선택 가능한 다른 대안이 존재해야 한다.

① ㄱ, ㄴ　　　② ㄱ, ㄹ
③ ㄴ, ㄷ　　　④ ㄷ, ㄹ

8. 과학 기술의 가치 중립성에 대한 갑의 입장으로 옳은 것은?

> 갑 : 과학자에게 연구의 자유를 보장해야 한다.
> 을 : 과학 기술에 대한 가치 판단이 필요하다.

① 과학 기술에 대해 비판적으로 성찰해야 한다.
② 과학 기술에 대한 가치 판단을 강조해야 한다.
③ 과학 기술의 본질은 도덕적 가치와 연결되어 있다.
④ 과학 기술은 윤리적 규제나 평가로부터 자유로워야 한다.

9. 대중문화의 긍정적 효과로 옳지 <u>않은</u> 것은?

① 문화의 대중화에 이바지한다.

② 다양한 문화를 저렴한 비용으로 공급한다.

③ 대중의 의식을 정치적으로 조작할 수 있다.

④ 대중에게 다양한 문화를 접할 기회를 준다.

10. 남북통일에 대한 설명으로 옳지 <u>않은</u> 것은?

① 세계 평화에 기여한다.

② 인류의 보편적 가치를 저해한다.

③ 이산가족의 고통을 해소시켜 줄 수 있다.

④ 남북한 구성원들이 평화로운 삶을 살게 해 준다.

11. ㉠에 해당하는 사례로 적절한 것을 〈보기〉에서 고른 것은?

> 가족 해체 현상을 극복하기 위해서는 가족 간의 갈등을 대화로 해소하고, 소통을 통해 문제를 해결하고자 노력해야 한다. 또한 개인적인 노력만으로 해결될 수 없는 부분은 ㉠ <u>사회와 국가의 노력</u>이 필요하다.

〈보기〉
ㄱ. 이웃과 가정에 대한 관심과 사랑을 가진다.
ㄴ. 소외 가정에 대한 다양한 복지 혜택을 제공한다.
ㄷ. 맞벌이 가정을 위해 아이 돌봄 서비스를 시행한다.
ㄹ. 가족 간에 신뢰를 회복하고 유대 의식을 함양한다.

① ㄱ, ㄴ ② ㄱ, ㄹ
③ ㄴ, ㄷ ④ ㄷ, ㄹ

12. ㉠에 들어갈 내용으로 가장 적절한 것은?

> 다문화주의의 대표적인 이론은 (㉠)이다. 모자이크 이론이라고 부르며, 주류 문화와 비주류 문화의 구분 없이 평등하게 존중한다.

① 용광로 이론
② 차별 배제 모델
③ 국수 대접 이론
④ 샐러드 볼 이론

13. 다음에서 롤스(Rawls, J.)의 관점에만 'V'를 표시한 학생은?

관점 \ 학생	A	B	C	D
• 공정한 절차를 통해 합의한 것은 정의롭다.	V			V
• 국가는 개인의 권리를 보호하는 최소한의 역할만 해야 한다.		V		V
• 무지의 베일을 쓴 상황에서는 개인의 자유를 평등하게 보장할 수 없다.		V	V	

① A ② B
③ C ④ D

14. 칸트(Kant, I.)의 도덕 법칙에 대한 설명으로 옳은 것을 〈보기〉에서 고른 것은?

〈보기〉
ㄱ. 사회 전체의 행복을 가져오는 행위를 하라.
ㄴ. 행위의 동기보다 바람직한 결과를 중시하라.
ㄷ. 상황과 관계없이 보편적 도덕 법칙을 준수하라.
ㄹ. 도덕 법칙을 정언 명령의 형식으로 제시하라.

① ㄱ, ㄴ ② ㄱ, ㄹ
③ ㄴ, ㄷ ④ ㄷ, ㄹ

15. 인공 임신 중절에 대한 반대 근거로 적절하지 <u>않은</u> 것은?

① 태아의 생명도 존엄하다.

② 태아는 인간의 지위를 지닌다.

③ 임신한 여성은 태아에 대한 권리를 지닌다.

④ 태아는 무고한 인간으로 해쳐서는 안 된다.

16. 지속 가능한 발전을 위한 태도로 옳은 것은?

① 생태계의 자정 능력은 한계가 없음을 깨닫는다.

② 인간과 자연이 상호 의존적 관계임을 인식한다.

③ 미래 세대보다 현세대의 필요 충족이 더 중요하다.

④ 경제적 효율성을 중시하는 생활 방식을 고수한다.

17. 예술에 대한 도덕주의 입장으로 옳은 것을 〈보기〉에서 고른 것은?

> ───────〈보기〉───────
> ㄱ. '예술을 위한 예술'을 추구한다.
> ㄴ. 예술의 순수성보다 도덕성을 우선시한다.
> ㄷ. 예술과 도덕은 상호 밀접한 관련이 있다.
> ㄹ. 예술의 자율성을 추구하는 순수 예술론을 지지한다.

① ㄱ, ㄴ ② ㄱ, ㄹ
③ ㄴ, ㄷ ④ ㄷ, ㄹ

18. 소통과 담론에 대한 설명으로 옳지 <u>않은</u> 것은?

① 소통의 긍정적 효과는 갈등 예방에 있다.
② 담론은 현실을 재구성하게 하는 효과를 지닌다.
③ 소통은 결정된 사안을 상대방에게 통보하는 것이다.
④ 소통은 나와 상대방이 의견을 서로 주고받는 과정이다.

19. 전문직 종사자에게 더 높은 윤리적 자세가 요청되는 이유를 〈보기〉에서 고른 것은?

> ───────〈보기〉───────
> ㄱ. 전문직은 업무의 효율성만 중시하기 때문이다.
> ㄴ. 전문적인 기술을 통해 부를 더 많이 축적해야 하기 때문이다.
> ㄷ. 사회 지도층에게 사회에 대한 더 높은 도덕성을 요구하기 때문이다.
> ㄹ. 전문직은 사회적 영향력이 크며, 그에 따른 책임 의식이 요구되기 때문이다.

① ㄱ, ㄴ ② ㄱ, ㄹ
③ ㄴ, ㄷ ④ ㄷ, ㄹ

20. ㉠, ㉡에 들어갈 사랑과 성에 대한 관점으로 옳은 것은?

(㉠)	결혼의 제도 안에서 이루어지는 사랑과 성을 추구
(㉡)	사랑 없이도 가능한 성을 추구

	㉠	㉡
①	중도주의	보수주의
②	보수주의	자유주의
③	자유주의	중도주의
④	보수주의	중도주의

21. 다음 설명에 해당하는 형벌에 대한 관점은?

> 형벌은 범죄에 상응해야 하며, 도덕적 형평성 회복을 목적으로 해야 한다.

① 응보주의 ② 공리주의
③ 법정주의 ④ 경험주의

22. 다음과 같은 윤리적 성찰 방법을 주장한 사상가는?

> "남을 돕는 데 정성스럽게 하였는가?", "친구와 교제하는 데 신의를 다하였는가?", "스승에게 배운 것을 잘 익혔는가?"의 세 가지 물음이다.
> － 『논어』 －

① 공자 ② 증자
③ 맹자 ④ 노자

23. 뉴 미디어 시대의 바람직한 자세로 적절하지 <u>않은</u> 것은?

① 표현의 자유에는 한계가 있음을 인식한다.
② 공익을 실현하기 위한 알 권리를 존중한다.
③ 정보 생산자로서 주관적인 정보를 전파한다.
④ 있는 그대로의 사실을 진실한 태도로 전달한다.

24. 환경 문제의 특징으로 옳지 <u>않은</u> 것은?

① 다른 지역에 연쇄적으로 영향을 준다.
② 무분별한 개발로 심각한 위기를 발생시킨다.
③ 지구의 자정 능력 범위에서 발생하는 경우가 많다.
④ 문제의 책임 소재를 명확하게 가리기가 쉽지 않다.

25. 다음 내용에 해당하는 국제 관계에 대한 입장은?

> • 국가들이 자국의 이익만을 추구하기에 분쟁이 발생한다고 본다.
> • 국가 간 세력 균형으로 국제 분쟁을 해결 할 수 있다고 본다.

① 이상주의 ② 현실주의
③ 지역주의 ④ 구성주의

EBS 검정고시 NO.1
검스타트

고졸 검정고시

모의고사

검정고시 합격의 **기준**을 만듭니다

G 검스타트 www.**gumstart**.co.kr 📞 1644-7590

신지원